T0118789

QU'EST-CE QUE LE COSMOPOLITISME ?

COMITÉ ÉDITORIAL

Christian BERNER

Stéphane CHAUVIER

Paul CLAVIER

Paul MATHIAS

Roger POUIVET

CHEMINS PHILOSOPHIQUES

Collection dirigée par Roger POUIVET

Louis LOURME

QU'EST-CE QUE LE COSMOPOLITISME ?

Paris

LIBRAIRIE PHILOSOPHIQUE J. VRIN

6, place de la Sorbonne, V^e

2012

Pour Marie,
Pour Jean,
Pour Jacques

M. NUSSBAUM, *For Love of Country* by Martha C. Nussbaum
© 1996 by Martha C. Nussbaum and Joshua Cohen
Reprinted by permission of Beacon Press, Boston.

En application du Code de la Propriété Intellectuelle et notamment de ses articles L. 122-4, L. 122-5 et L. 335-2, toute représentation ou reproduction intégrale ou partielle faite sans le consentement de l'auteur ou de ses ayants droit ou ayants cause est illicite. Une telle représentation ou reproduction constituerait un délit de contrefaçon, puni de deux ans d'emprisonnement et de 150 000 euros d'amende.

Ne sont autorisées que les copies ou reproductions strictement réservées à l'usage privé du copiste et non destinées à une utilisation collective, ainsi que les analyses et courtes citations, sous réserve que soient indiqués clairement le nom de l'auteur et la source.

© *Librairie Philosophique J. VRIN,* 2012

Imprimé en France
ISSN 1762-7184
ISBN 978-2-7116-2442-3

www.vrin.fr

QU'EST-CE QUE LE COSMOPOLITISME ?

> J'estime tous les hommes mes
> compatriotes et embrasse un Polonais
> comme un Français ; subordonnant
> cette liaison nationale à l'universelle
> et commune.
>
> Montaigne, *Essais*, III, 9

LE COSMOPOLITISME EST-IL UN ABUS DE LANGAGE ?

AMBIGUÏTÉ DU TERME. – Face à la question que pose cet ouvrage (Qu'est-ce que le cosmopolitisme ?), les choses pourraient sembler assez aisées car la définition du terme « cosmopolitisme » ne paraît pas vraiment faire problème en elle-même : le cosmopolitisme désigne le fait de se dire « citoyen du monde ». Le terme associe en effet deux mots grecs : *politès* (le citoyen) et *kósmos* (l'univers, le monde au sens d'un ensemble ordonné) – le « cosmopolite » (*kosmopolitès*) se traduit donc littéralement par « citoyen du monde ». Et depuis les premières heures de la philosophie (avec Diogène le Cynique ou avec les Stoïciens) jusqu'à aujourd'hui, le terme n'a jamais rien signifié d'autre que cette citoyenneté mondiale.

Bien entendu cette simplicité n'est qu'apparente. Elle fait comme si la formule était claire une fois les termes qui la composent exposés. Pourtant, même une oreille peu portée à la philosophie peut entendre que l'association de ces termes pose problème et que les significations qu'on peut lui donner sont nombreuses, différentes, et souvent problématiques. C'est par exemple ce que sous-entend l'article « Cosmopolite » de l'*Encyclopédie* de Diderot, qui souligne ce caractère ambigu de la formule et de son emploi :

> On se sert quelquefois de ce nom en plaisantant, pour signifier *un homme qui n'a point de demeure fixe*, ou bien *un homme qui n'est étranger nulle part*[1].

Voici donc le cosmopolitisme, cet idéal construit par certains des plus illustres philosophes de l'antiquité grecque et latine, ramené au rang de « plaisanterie » par un auteur du siècle où les élites européennes furent précisément les plus « cosmopolites ». Comment le comprendre ? Cela signifie-t-il vraiment que le terme ne peut pas être pris au sérieux ? C'est que, si le sens du mot semble clair, il est pourtant bien difficile de savoir exactement ce que veut dire celui qui l'emploie. Car en réalité, que dit-on en disant « je suis citoyen du monde » ? Veut-on dire : « je ne me sens pas citoyen d'ici ou de là » ? Veut-on dire plutôt : « je me sens plus engagé vis-à-vis du monde que vis-à-vis de mon pays » ? Et qu'est-ce que ce « monde » dont il est question ? Et de quelle forme de « citoyenneté » parle-t-on (on ne saurait se dire citoyen du

---

1. Diderot, « Cosmopolitain ou cosmopolite », dans Diderot et D'Alembert, *Encyclopédie, ou Dictionnaire raisonné des sciences, des arts et des métiers*, Paris, 1751, t. IV, p. 297.

monde de la même manière qu'on se dit citoyen de son pays) ? On le voit : les questions ne manquent pas, qui toutes montrent la nature complexe du concept.

SUR L'IMPOSSIBLE ASSOCIATION DE TERMES. – Le problème vient de la structure même du concept. Cette structure est construite sur différents niveaux de contradictions malgré une apparente clarté et la remarquable postérité dont a pu jouir la formule « citoyen du monde »[1]. Tout d'abord : alors que d'un côté la citoyenneté renvoie traditionnellement à une appartenance particulière (nous sommes toujours citoyen de telle cité, de tel État et non de tel autre), de l'autre l'idée de monde renvoie à l'universel. Comment le premier terme pourrait-il donc prendre le second pour référence ? Mais surtout : la notion de citoyen renvoie à une idée politique (la citoyenneté, comme ensemble de droits et de responsabilités) alors que ce à quoi il se réfère (le monde) n'existe pas comme entité politique constituée.

Les lignes de Diderot ne font que souligner ce caractère doublement contradictoire du terme de cosmopolitisme, cette association apparemment abusive de deux éléments au sein d'un concept qui est peut-être condamné pour cette raison à n'être qu'une « plaisanterie », ou, en termes plus conventionnels, un abus de langage. Peut-on effectivement associer les deux notions *citoyenneté* et *monde* ? Peut-on tout simplement

1. Voir par exemple P.-M. Vernes, *L'illusion cosmopolitique*, Québec, Les presses de l'université Laval, 2008, p. 8 et p. 12. Elle évoque la « constitution vacillante » (p. 8) du mot « cosmopolite ».

penser notre appartenance au monde, déjà problématique en elle-même [1], sous l'angle de la citoyenneté ?

Bien sûr il ne s'agit pas ici de dire que l'association de ces deux concepts (monde et citoyenneté) ne signifie rien à propos la place de l'homme dans le monde ou de son lien avec ses semblables, ou qu'elle est parfaitement incompréhensible. Il ne s'agit pas non plus de dire que cette association est impropre. En disant que le cosmopolitisme semble relever d'un abus de langage, il s'agit seulement de dire que si, sur le plan sémantique, les deux termes ne devraient pas pouvoir être associés, le fait qu'ils le soient malgré tout doit être interrogé. En la matière, le concept existe depuis si longtemps et il s'est tant répandu dans la langue philosophique et dans le langage courant, que nous sommes presque condamnés à partir du constat de ses usages variés pour essayer de comprendre ce qu'il signifie – c'est le projet de cet ouvrage.

STRUCTURE DE L'OUVRAGE. – Dans la partie *Présentation*, il s'agira en effet de clarifier le sens de cette formule qu'on est habitué à entendre sans rigoureusement la comprendre. L'histoire de la philosophie l'ayant largement utilisée à des

---

1. Bien que cette formule soit tout à fait commune, *appartenons*-nous vraiment au monde ? Cette appartenance supposée au monde ne laisse pas de poser question dans la mesure où, en semblant faire que décrire un fait biologique (comme êtres vivants, composés de matière, les hommes appartiennent effectivement au monde si celui-ci est compris comme ensemble des éléments physiques qui composent du réel), elle renvoie en même temps à une conception métaphysique qui, elle, est nettement moins descriptive. Les hommes « appartiendraient » alors au monde compris comme entité signifiante et existante indépendamment d'une conscience humaine qui la pense et dont cette humanité ne serait qu'une partie. En somme, ne faudrait-il pas dire plutôt que l'homme peut être défini précisément comme celui à qui le monde appartient ?

époques et dans des directions différentes, il s'agira d'abord de mettre au jour les principaux fondements du cosmopolitisme qui en font un concept cohérent sur le plan philosophique au-delà des différentes formes qu'il peut prendre (première partie). Nous chercherons ensuite à montrer la particularité de la situation contemporaine dans laquelle le monde devient une réalité de plus en plus sensible pour chacun de ses habitants (deuxième partie). C'est cette nouveauté qui permet au concept de s'affirmer comme projet politique, bien que ce projet n'aille pas sans se heurter à de profondes résistances (troisième partie). Le principal axe d'analyse consistera à partir de l'apparente confusion initiale de la formule pour essayer de la résoudre en montrant qu'aujourd'hui le cosmo-politisme est peut-être en train de cesser d'être un abus de langage (ou une « plaisanterie » comme le dit Diderot).

La partie *Commentaire* sera consacrée à la lecture d'un texte classique d'Emmanuel Kant qui fait date dans l'histoire des études cosmopolitiques (le troisième article du *Projet de paix perpétuelle*), et à un article de la philosophe contempo-raine Martha Nussbaum (« Patriotisme et cosmopolitisme ») qui a remis sur le devant de la scène de la philosophie morale la question de la possibilité et de la signification d'une revendication cosmopolite.

DÉFINIR LE COSMOPOLITISME

Classer les cosmopolitismes

LA DÉFINITION OUVERTE DU COSMOPOLITISME. – Bien que la question puisse sembler naïve, la lecture des différents auteurs se réclamant du cosmopolitisme nous oblige cependant à nous demander de quoi on parle précisément quand on parle

de cosmopolitisme. En effet, les usages du terme
«cosmopolitisme» sont tellement variés, ils recouvrent
tellement de sens différents, qu'on ne sait plus si des auteurs
différents ont encore quelque chose en commun.

À mon sens, il faut abandonner l'idée que l'on puisse
définir le cosmopolitisme de façon précise et univoque, sous
peine de réduire certaines philosophies ou certains points de
vue à des caricatures pour les faire entrer dans des cadres défi-
nitionnels qui seraient de toute façon trop larges pour être
pertinents – par exemple en se contentant de la tautologie «le
cosmopolitisme désigne le fait de se sentir citoyen du monde»
sans chercher à l'analyser. Le concept de cosmopolitisme
peut désigner plusieurs choses selon les auteurs et selon les
contextes. Dans une certaine mesure il faut donc accepter de
partir de cet étrange constat : «nous ne sommes pas tout à fait
certains de ce dont il s'agit»[1]. Bien entendu cette situation
pourrait avoir l'air d'aboutir à une sorte de «chaos intellectuel
ou analytique»[2]. Si le terme peut être appliqué à trop de
contextes différents (comme ce fut le cas pour le terme
«mondialisation» par exemple) comment espérer en faire une
analyse rigoureuse?

1. C'est le point de départ de l'introduction très éclairante de l'ouvrage
Cosmopolitanism (Carol A. Breckenridge, S. Pollock, Homi K. Bhabha,
and D. Chakrabarty (eds.), *Cosmopolitanism*, Duhram, Duke University Press,
2002), p. 1 (nous traduisons). Nous lisons à la même page : «Le cosmopolitisme
n'est pas une entité bien connue, existante dans le monde, avec une généalogie
linéaire des stoïciens à Emmanuel Kant, qui attend seulement d'être décrite
dans le détail» (nous traduisons).

2. C'est en tout cas le risque pointé par Robert Holton, dans
Cosmopolitanisms, New thinking and new directions, Londres, Palgrave
Mac Millan, 2009, p. 29 (nous traduisons).

Mais nous ne sommes pas face à un chaos. Cette multiplicité de significations n'aboutit ni à une situation absurde dans laquelle le cosmopolitisme pourrait vouloir dire des choses contradictoires, ni à un constat résigné qui nous découragerait d'un effort pour préciser ses différents sens. Non seulement il est possible d'organiser le champ des études cosmopolitiques et des usages du terme « cosmopolitisme », mais notre hypothèse est aussi que nous pouvons dégager des principes qui permettent de reconnaître le cosmopolitisme là où il se trouve, même sous des formes extrêmement variées.

Ce caractère *ouvert* de la définition du cosmopolitisme, dont on ne saurait donner une définition singulière et parfaitement achevée, s'explique en partie par la nature même du concept. Celui-ci ne se donne à voir de manière univoque ni dans l'histoire des idées, ni dans les études contemporaines, ce qui explique l'impossibilité de le définir définitivement puisque cela supposerait une connaissance de tout ce qu'il devrait ou pourrait être. Or, tout au moins comme doctrine morale ou comme projet politique, une telle connaissance est impossible – le cosmopolitisme étant de ce point de vue toujours à venir.

Toutefois, si une spécification *singulière* et *définitive* du concept est impossible, cela n'interdit pas de chercher à préciser les usages qu'on peut en faire et les principes qui le fondent.

LES USAGES DU TERME « COSMOPOLITISME ». – Nul doute qu'entre le cosmopolitisme de Diogène de Sinope et celui de David Held par exemple, les modalités sont profondément différentes. Dans le premier cas, le philosophe cynique revendique une citoyenneté mondiale comme manière d'être personnelle issue d'une certaine vision du monde ; dans le second cas, David Held essaye de dessiner les contours que pourrait prendre, sur les plans institutionnels et politique, une gouvernance mondiale démocratique et cosmopolitique. On voit aisément qu'il ne s'agit pas rigoureusement de la même chose – même si des références communes font que dans les deux cas on peut parler de cosmopolitisme. Quels usages peut-on faire du terme cosmopolitisme? La liste que je propose (table 1) essaye de répondre à cette question et présente la variété des modalités du cosmopolitisme.

Table 1. – Les modalités du cosmopolitisme [1]
a. une manière d'être
b. une réalité sociologique
c. un projet politique
d. une conception du monde

La variété des usages du terme explique en partie la difficulté que l'on rencontre souvent à vouloir faire discuter entre eux certains auteurs qui se situent dans des champs différents, non pas qu'on ne puisse pas mettre en rapport une perspective sociologique avec une perspective philosophique, mais plutôt au sens où parler par exemple de Marseille comme étant une ville cosmopolite (modalité b.) a finalement peu de choses à voir avec le fait de parler de la « démocratie cosmopolitique » (modalité c.). Ces modalités désignent en somme

---

1. Table réalisée notamment avec R. Holton, *Cosmopolitanisms, New thinking and new directions*, *op. cit.*, p. 30 *sq.*; et S. Vertovec et R. Cohen, *Conceiving cosmopolitanism: Theory, Context, and Practice*, Oxford, Oxford University Press, 2008, p. 8 à 14.

des cosmopolitismes différents, que l'on peut s'appliquer à redéfinir.

(a) Le cosmopolitisme comme manière d'être désigne le fait de vivre comme cosmopolite sans qu'il n'y ait nécessairement de fondement théorique explicite à cette pratique – c'est par exemple le cas de la figure du voyageur européen de la période des Lumières.

(b) Le cosmopolitisme comme réalité sociologique désigne la coexistence dans un même lieu de communautés ou d'individus d'origine et de culture différentes[1] – c'est en ce sens qu'on peut dire que certaines villes ou certains quartiers sont cosmopolites.

(c) Le cosmopolitisme comme projet politique désigne le fait de vouloir construire sur le plan politique des cadres obéissant aux principes du cosmopolitisme, ainsi que des institutions supra-nationales.

(d) Le cosmopolitisme comme conception du monde désigne enfin la manière dont un individu peut fonder sa vision de la justice ou de la morale à partir d'une appartenance au monde – et non à partir d'une appartenance locale.

Ces différentes modalités présentent une triple caractéristique[2]. D'abord elles se partagent en modalités pratiques (a. et b.) et modalités théoriques (c. et d.). Ensuite on peut

1. Voir P.-M. Vernes, *L'illusion cosmopolitique*, *op. cit.*, p. 46. Elle distingue avec raison cet usage du mot cosmopolitisme des processus d'intégration, de métissage ou d'accès à une citoyenneté commune. « Cosmopolite » pour les sciences sociales désigne « un mélange, sur un même sol, de communautés, d'origines, de langues et de religions diverses ».

2. Voir par exemple R. Holton, *Cosmopolitanisms, New thinking and new directions, op. cit.*, p. 30.

distinguer un cosmopolitisme individuel (a. et d.) d'un cosmopolitisme du grand nombre (b. et c.). Enfin, le cosmopolitisme
peut être à la fois le nom d'une condition à partir de laquelle les
individus agissent (a. et b.), et une modalité de l'action de ces
individus (a., c. et d.).

LES TYPES DE COSMOPOLITISMES. – Sur ces usages du
terme cosmopolitisme se construisent des discours relevant
de domaines différents et analysant des problèmes différents.
La table 2 essaye d'établir une typologie des différentes formes
de cosmopolitismes. Bien-sûr, chez de nombreux auteurs, ces
perspectives s'entrecoupent, mais il demeure que l'on peut
distinguer des types de cosmopolitismes différents. Principalement, une telle typologie vise à clarifier les champs d'analyse mobilisés dans les études cosmopolitiques contemporaines, ainsi qu'à souligner la spécificité de certains auteurs
qui peuvent privilégier telle ou telle voie. En aucune façon il ne
faudrait considérer que ces types sont en eux-mêmes exclusifs
les uns des autres. Par exemple, le cosmopolitisme moral
aboutit assez naturellement à une réflexion sur les institutions
politiques les mieux à même de le servir, ou sur la meilleure
façon de mettre en œuvre plus de justice à l'échelle de la planète
(c'est par exemple le cas des travaux de Seyla Benhabib[1]).
Ces différentes catégories peuvent ainsi largement être mises
en relation.

---

1. *Cf.* par exemple, S. Benhabib, (avec D. Archibugi), « Vers un projet
cosmopolitique » (trad. L. Lourme), *Cahiers philosophiques*, n° 122,
3ᵉ trimestre 2010; ou *Another Cosmopolitanism*, Oxford, Oxford University
Press, 2006.

Table 2. – Les types de cosmopolitismes[1]
a. Cosmopolitisme moral
b. Cosmopolitisme politique
c. Cosmopolitisme culturel
d. Cosmopolitisme sociologique
e. Cosmopolitisme juridique

Cette typologie nécessite une clarification rapide de ces formes possibles de cosmopolitismes. Nous verrons que les perspectives sont très différentes d'un type à l'autre mais que certains éléments demeurent.

(a) *Le cosmopolitisme moral* est celui qui est le plus directement en lien avec l'héritage antique, et il est souvent présenté aujourd'hui comme étant la forme la plus représentative des études cosmopolitiques contemporaines – il constitue chez de nombreux auteurs majeurs le fondement des analyses, et les philosophes critiques concentrent fréquemment leurs attaques sur ce type-là. Comment présenter rapidement le cosmopolitisme moral ? Il s'agit des études qui s'interrogent sur les conséquences morales de la revendication d'une

---

1. Le partage se fait souvent seulement et de manière approximative entre cosmopolitisme moral et cosmopolitisme politique. Cette typologie plus complète se construit notamment à partir de l'ouvrage de R. Holton, *Cosmopolitanisms, New thinking and new directions, op. cit.*, p. 30 *sq.* ; l'article de S. Scheffer, « Conceptions of Cosmopolitanism », in *Boundaries and allegiances*, Oxford, Oxford university press, 2001, p. 111-130 ; l'ouvrage de R. Beardsworth, *Cosmopolitanism and International Relations Theory*, Cambridge, Polity Press, 2011, p. 21-46 ; et l'article de P. Kleingeld et E. Brown, « Cosmopolitanism », in *Stanford Encyclopédia of philosophy* (Spring 2011 Edition), Edward N. Zalta (ed.)
URL:plato.stanford.edu/archives/spr2011/cosmopolitanism/

citoyenneté mondiale[1]. Une des plus éminentes représentantes de ce courant est la philosophe Martha Nussbaum dont nous commentons un extrait dans la deuxième partie de cet ouvrage.

(b) *Le cosmopolitisme politique* ou institutionnel consiste à essayer de traduire l'idéal cosmopolitique dans le domaine politique[2]. Ce type-là de cosmopolitisme marque l'entrée de l'idée cosmopolitique dans une nouvelle époque. En effet, si le souci d'organiser les relations entre les États n'est pas récent, la nouveauté de notre époque est double. D'une part on peut désormais penser à une organisation politique qui ne concerne plus seulement les États comme sujets de droit international, mais aussi les individus. D'autre part l'organisation politique internationale n'est plus une projection lointaine ou

---

1. Même s'ils adoptent une posture critique à l'égard de cette forme de cosmopolitisme, Jocelyne Couture et Kai Nielsen en proposent une formulation satisfaisante dans «Cosmopolitisme et particularisme», *Philosophiques*, vol. 34, n°1, 2007, p. 3-4. Nous lisons : « [La doctrine cosmopolitique] reprend essentiellement les idées anciennes, mettant en avant le point de vue voulant que l'allégeance morale première d'une personne aille à la communauté mondiale des êtres humains et affirmant que nous avons les mêmes devoirs et les mêmes obligations à l'endroit de chacun, quels que soient son origine, sa nationalité ou l'endroit du monde où il vit. D'où l'opposition des défenseurs du cosmopolitisme à toute forme de particularisme, à commencer par le nationalisme et le communautarisme. Nous ne devrions pas, selon eux, accorder de primauté morale aux membres d'une communauté locale telle que la nation, ou à nos coreligionnaires, ou à une famille politique. Au cœur de cette exigence, on trouve ainsi une croyance purement morale voulant que tous les humains aient une valeur égale, que la vie de tous compte et compte également, et que chaque être humain, du moins initialement, mérite un égal respect. »

2. Pour une présentation plus approfondie du cosmopolitisme politique, voir notre troisième moment dans cette « Présentation ».

théorique[1]. En somme, cela représente une nouveauté car auparavant il était plus difficile d'imaginer ce à quoi pourrait ressembler une politique mondiale – faute de signes concrets que celle-ci serait un jour possible, faute de modèles politiques supranationaux susceptibles de fournir des exemples, faute, enfin et surtout, d'arguments théoriques permettant d'en imaginer les contours précis.

(c) *Ce que nous appelons le cosmopolitisme « culturel »* est celui qui réfléchit aux rapports entre une appartenance au monde et une appartenance culturelle définie. Il pose une double question. 1) Tout d'abord : dans quelle mesure une culture particulière se trouve remise en question dans sa structure même par son rapport au reste du monde ? Cela suppose de se demander par exemple si des cultures doivent être préservées et, si oui, au nom de quoi ; cela suppose aussi de s'interroger sur la réalité de l'uniformisation culturelle du monde dont on pense parfois qu'elle accompagne les processus de « mondialisation » ; cela suppose encore de s'interroger plus fondamentalement sur la nature même des cultures prétendument particulières (par exemple en se demandant : une culture peut-elle vraiment être « particulière » ?)[2]. 2) L'autre question

---

1. Cela revient l'international existe *politiquement* et non plus seulement *diplomatiquement* – au sens où il y a des instances internationales, il y a des organisations gouvernementales qui ne sont plus des « alliances » mais des organisations politiques *permanentes* et qui se construisent à partir de rouages politiques très fins. Cette réalité politique-là change fondamentalement le rapport au cosmopolitisme puisque la citoyenneté dont on parle alors dans la formule « citoyen du monde » cesse d'être une citoyenneté métaphorique.

2. De fait certains processus de mondialisation (je pense principalement au développement des contacts entre les peuples et aux transformations économiques) ont été la cause de l'effondrement de certains modes de vie. Cet

rencontrée par le cosmopolitisme culturel est intimement liée à cette première : elle consiste à s'interroger plus précisément sur l'organisation concrète des sociétés dont on dit qu'elles sont « cosmopolites », et sur les visions de la justice qu'elles supposent – quelles normes doivent être mobilisées pour régir une société cosmopolite ? [1]

(d) *Le cosmopolitisme sociologique* renvoie à l'analyse d'une réalité mondiale dont on peut dire qu'elle est devenue plus cosmopolitique qu'elle ne l'a jamais été. En effet, on peut dresser le constat d'une sorte de cosmopolitisme *de fait*, c'est-à-dire un cosmopolitisme qui ne relève plus tant d'un effort intellectuel de projection de soi-même au-delà de soi-même (comme on pourrait dire que c'était le cas dans l'antiquité), mais qui, tout simplement, est dorénavant un donné socio-politique : nous sommes tous citoyens du monde (ou plutôt : nous le sommes plus que nous ne l'avons jamais été). Cela ne signifie pas que nous soyons tous pleinement conscients de

---

effondrement peut être problématique *pour le cosmopolitisme lui-même* qui postule, nous l'avons rapidement évoqué avec le cosmopolitisme moral, l'égale dignité des personnes. C'est donc un effondrement « anti-cosmopolite » qui est dû à la circulation plus grande des idées et des personnes – ce qui semblait paradoxalement la signature d'une cosmopolitisation croissante du monde. La cosmopolitisation du monde ne va donc pas sans poser des problèmes au regard même de l'idéal cosmopolitique. C'est de cet étrange paradoxe que s'occupe le cosmopolitisme culturel.

1. C'est cela qui explique notamment que les questions posées par le multiculturalisme s'invitent souvent dans les débats sur le cosmopolitisme – par exemple pour dire, comme le fait notamment Will Kymlica (*Cf.* W. Kymlica, *Politics in the Vernacular : Nationalism, Multiculturalism, and Citizenship*, Oxford, Oxford University Press, 2001) qu'une organisation politique démocratique, pour être viable et efficace, suppose un certain degré de cohérence interne.

toutes les implications d'un cosmopolitisme intellectuel, cela veut seulement dire que nous sommes bien davantage concernés les uns par le devenir des autres qu'auparavant. On peut d'ailleurs le dire sur deux échelles différentes : à l'échelle mondiale (où on voit se développer des réseaux globaux, des acteurs politiques non étatiques, des institutions internationales, et même des idéaux mondiaux – droits de l'homme, environnement, etc.); et à l'échelle nationale par ce que le biais de ce que le sociologue Ulrich Beck nomme la « cosmopolitisation intérieure des sociétés nationales »[1]. Autrement dit, l'idée de « monde » duquel le cosmopolite prétend être citoyen, gagne en épaisseur et en densité, et c'est cette densité dont le cosmopolitisme sociologique essaye de rendre compte.

(e) *Le cosmopolitisme juridique* renvoie historiquement aux analyses qui se situent dans la perspective kantienne de la pensée d'un « droit cosmopolitique » (expression qui désigne sous sa plume le droit d'entrer dans un pays sans y être traité en ennemi, c'est-à-dire un « droit de visite »[2]). Ces axes de recherche concernant la manière dont le droit pourrait relayer les idéaux cosmopolites sont directement travaillés par le cosmopolitisme politique et le cosmopolitisme moral qui s'interrogent sur la justice à l'échelle mondiale et qui cherchent à répondre aux deux questions suivantes : (1) quelles sont les institutions les mieux à même de construire un droit cosmopolitique ? (2) comment peut-on fonder un tel droit ?

---

1. U. Beck, *Qu'est-ce que le cosmopolitisme ?* (trad. A. Duthoo), Paris, Alto Aubier, 2006 (2004), p. 25.

2. Voir notre commentaire du troisième article définitif de son *Projet de Paix Perpétuelle* dans la deuxième partie de cet ouvrage.

Principes du cosmopolitisme.

Au milieu de ces différentes types de cosmopolitismes, il faut essayer d'établir ce qui peut servir de base commune. Quels sont les points communs à ces perspectives différentes que nous avons recensées ? La table 3 essaye d'établir une liste des quelques principes fondamentaux du cosmopolitisme.

Table 3. – Les principes du cosmopolitisme [1]
a. Principe d'égale dignité
b. Principe d'individuation
c. Principe de participation
d. Principes de subsidiarité et de suppléance
e. Principe de diversité
f. Principe d'obligation

Certains de ces principes sont explicitement moraux tandis que d'autres sont plus politiques, et tous se déclinent différemment selon les auteurs, mais ils constituent ce qu'on peut

---

1. Cette table est réalisée à partir de l'analyse des principaux ouvrages consacrés au cosmopolitisme, dont on ne saurait évidemment donner ici une liste exhaustive. Toutefois, deux textes valent d'être cités parce qu'ils essayent explicitement de faire ce travail de clarification des principes : d'une part, R. Beardsworth, *Cosmopolitanism and International Relations Theory*, *op. cit.*, p. 42-43 ; et d'autre part, David Held, « Principles of cosmopolitan order », *in* G. Brock et H. Brighouse (dir.), *The political philosophy of cosmopolitanism*, Cambridge, Cambridge University Press, 2009 (2005), p. 10-27. Je ne partage pas le détail de ces analyses (Held retient huit principes fondamentaux et Beardsworth en retient cinq), mais on y trouve des analyses selon moi très éclairantes. Les huit principes de D. Held sont aussi développés dans *Cosmopolitanism, Ideals and Realities*, Cambridge, Politiy Press, 2010, p. 67 à 92.

considérer comme le fondement de la posture cosmopolite, quelque soit le champ d'analyse dont il est question. Il faut expliquer ce que chacun de ces termes signifie – ils seront discutés plus en détail dans la suite de l'ouvrage.

LE PRINCIPE D'ÉGALE DIGNITÉ. – Principe fondamental du cosmopolitisme qui consiste à affirmer l'égale dignité des personnes[1]. Cette égale dignité se décline avant tout moralement, même si elle a bien sûr des conséquences politiques. Elle signifie en effet que nos devoirs doivent être pensés non pas en fonction de nos proches ou de nos appartenances mais en fonction de l'humanité de tout homme – ce qui revient à dire que la proximité ou l'éloignement géographique ou culturel, l'origine, l'appartenance nationale ou religieuse, ne sont pas des éléments pertinents sur le plan moral. Le cosmopolitisme cherche à penser les conditions d'une véritable mise en œuvre effective de ce principe. Ce principe d'égale dignité se décline en *principe d'individuation* sur le plan moral et en *principe de participation* sur le plan politique.

LE PRINCIPE D'INDIVIDUATION. – Le principe d'individuation affirme que ce sont les êtres humains qui sont concernés par la morale et non les États. Ce principe est un principe moral, mais il a des implications directement politiques, notamment si l'on suit la distinction établie par Charles Beitz entre « morale des États » et « morale cosmopolite ». La première est celle pour laquelle :

> les États ont des droits d'autonomie analogues à ceux des individus au sein de la société domestique, ce qui les

1. Pour une discussion approfondie de ce principe, voir notre commentaire du texte de Nussbaum dans cet ouvrage.

> protège contre toute ingérence extérieure dans leurs affaires intérieures et garantit leur propriété et leur contrôle des ressources naturelles et humaines au sein leurs frontières. [1]

Ce que nous appelons le « principe d'individuation » ne manque donc pas d'entrer en conflit direct avec certains principes clés de la politique traditionnelle, notamment le principe de souveraineté nationale comme le montre cet extrait de Beitz. Contre cette « morale des États », Beitz établit que les vues cosmopolites sont celles qui partent des droits de l'individu [2] – c'est toujours par rapport à leurs effets sur les individus que la justice ou la moralité d'une décision ou d'une action doit être mesurée.

Ce principe ne manque cependant pas de pouvoir être interrogé quant à sa mise en œuvre et son rapport aux autres déterminants de valeurs. Il peut en effet y avoir des conflits d'intérêts entre le bien des individus et le bien de la communauté des hommes. Nous avons dit que la morale cosmopolitique, telle que Beitz la considère, privilégie le bien être de

1. Voir C. Beitz, « International relations, Philosophy of », *in* E. Craig (dir.), *The Shorter Routledge Encyclopedia of Philosophy*, Londres, Routlege, 2005, p. 455 (nous traduisons). Cet article de Beitz est une reprise abrégée de l'article du même nom qu'il avait rédigé pour l'édition classique de la *Routledge Encyclopaedia of Philosophy*, 1998, vol. 4, p. 826-833.

2. Nous lisons : « Ces vues [cosmopolites] soutiennent que ce sont les individus plutôt que les États qui sont les sujets ultimes de la morale, et que les jugements de valeur concernant la conduite internationale devraient prendre aussi au sérieux le bien-être de chaque personne potentiellement touchée par une décision, que ce soit un compatriote ou étranger. Les vues cosmopolites peuvent reconnaître que les États (et entités similaires) ont des caractéristiques moralement significatives, mais l'analyse de l'importance de ces caractéristiques doivent les relier à des considérations de bien-être individuel » (nous traduisons). *Ibid.*, p. 455-456.

l'individu sur les nécessités des États, mais cela ne revient-il pas, dans une certaine mesure, à déplacer le problème d'un échelon seulement ? En effet, si le « monde » dont le cosmo-polite se dit citoyen a un sens sur le plan moral (ou, plus encore, sur le plan politique), alors le principe d'individuation oblige à se demander comment régler le conflit potentiel entre l'échelon individuel et l'échelon global. Dans le cas d'un tel conflit, que dirait la morale cosmopolitique ? Faut-il privilé-gier le bien de la communauté humaine ou celui des individus ? On retrouve bien le même problème qu'à l'échelon inférieur – celui auquel Beitz entendait apporter une réponse. Je crois qu'on peut en déduire que ce principe d'individuation vaut moins pour lui-même que comme réponse à la morale des États : il contrebalance le haut degré d'autonomie habituelle-ment accordée aux États. Il vaut ainsi en tant qu'il s'articule avec d'autres principes (notamment les principes de subsi-diarité et de suppléance) et ne suffirait probablement pas à fonder une morale cosmopolitique [1].

LE PRINCIPE DE PARTICIPATION. – Directement politique, ce principe consiste à accorder le pouvoir décisionnaire aux personnes concernés par la décision politique (*stakeholders*) – en considérant que ces *stakeholders* sont les mieux à mêmes de décider ou doivent au moins pouvoir être entendus. Parmi les différents penseurs chez qui ce principe peut se retrouver, Daniele Archibugi, qui le mobilise explicitement, donne

---

1. Résumons ainsi les deux principales questions qu'on pourrait poser à une tel morale de l'individu : 1) quel individu privilégier ? 2) faut-il privilégier l'individu ou la communauté des individus ?

l'exemple des essais nucléaires français à Mururoa[1] qui n'auraient certainement pas été réalisés si les *stakeholders* avaient été invités à décider ou à participer à la décision[2]. Le principe de participation est en somme un principe démocratique qui affirme que celui qui est touché par une décision doit contribuer à la prendre – quelque soit son origine[3].

Ce principe de participation permet de poser à nouveaux frais la question de l'articulation des intérêts généraux avec les intérêts particuliers. Contre cette mise en avant des *stakeholders* dans les processus de délibération politique, ne faut-il pas au contraire penser que, pour qu'une décision soit équitable et juste, les *stakeholders* doivent être le moins possible impliqués dans ces processus ? Que vaudrait une décision qui ne serait motivée que par les intérêts particuliers ? Dans une certaine mesure, ne faudrait-il pas tenir les *stakeholders* éloignés de la décision politique ? Les penseurs du cosmopolitisme politique qui développent ce principe de participation, remettent en cause selon moi la situation bureaucratique et centralisée qui caractérise souvent les décisions nationales et internationales, dans laquelle ceux qui décident n'ont pas à subir les conséquences de leur décision. Ce principe de partici-

---

1. Jusqu'en 1996, la France a procédé à 193 essais nucléaires en Polynésie dont 167 à Mururoa.

2. Voir D. Archibugi, *La démocratie cosmopolitique* (trad. L. Lourme), Paris, Le Cerf, 2009, p. 39-40.

3. On pourrait objecter, dans le cas précis des essais français à Mururoa par exemple, que les Français de métropole sont eux aussi concernés par cette décision. Pour se convaincre qu'ils ne le sont pas dans la même mesure que le furent les Polynésiens, il suffit de s'interroger sur la réaction des Français s'il avait été question de faire ces essais en métropole, dans la région parisienne par exemple.

pation est ainsi un moyen de rendre le processus de décision politique plus démocratique, de faire en sorte que l'exercice du pouvoir politique implique aussi ceux qui auront à subir les effets des choix politiques. En somme, il ne s'agit pas de considérer que seules les personnes concernées par une décision devraient décider, mais plutôt de rappeler la nécessité d'inclure ces personnes dans un processus de décision plus large.

LES PRINCIPES DE SUBSIDIARITÉ ET DE SUPPLÉANCE. – Le principe de participation aboutit assez logiquement à mobiliser aussi, dans la perspective cosmopolite, ce qu'on appelle habituellement en sciences politiques les principes de subsidiarité et de suppléance, c'est-à-dire le fait d'adapter l'échelon politique mobilisé à la décision à prendre. La décision doit être prise par le plus petit niveau d'autorité compétente (subsidiarité) et un niveau supérieur est mobilisé si le niveau inférieur ne peut résoudre le problème (suppléance). Cela correspond à remettre en cause le privilège accordé au niveau national dans la prise de décision. En effet, bien que pertinent pour certaines questions, ce niveau national peut être dépassé par un niveau supérieur dans certains cas (suppléance), et peut dans d'autre cas s'avérer trop éloigné des *stakeholders* (subsidiarité) pour être tout à fait efficace et légitime.

LE PRINCIPE DE DIVERSITÉ. – Le principe de diversité contrebalance le principe d'égale dignité. Les contempteurs du cosmopolitisme font souvent passer l'affirmation du principe d'égale dignité pour un égalitarisme strict qui nierait les différences et les préférences particulières : ainsi compris, le citoyen du monde serait condamné à n'être qu'une abstraction, à être coupé de toute attache, de toute appartenance et de tout particularisme. Contre cela, des penseurs comme Kwame Appiah ou Martha Nussbaum affirment l'importance de tenir ensemble l'égale dignité morale et la reconnaissance de la diversité.

> Les principes mêmes d'une citoyenneté mondiale valorisent la diversité des personnes ; ils la valorisent à tel point qu'ils font de la liberté de choix la référence de tout ordre constitutionnel juste, et refusent de renoncer à ce principe en faveur d'une tradition ou d'une religion particulière [1].

En somme, c'est à partir de l'affirmation de l'égale dignité que se fonde la reconnaissance de la diversité – c'est aussi au nom de l'égale dignité que Martha Nussbaum associe la promotion de la diversité à une nécessité de la non-hiérarchisation des différences [2]. Cela ne revient pas à dire que tout se vaut, pas plus que cela n'exclut la possibilité des préférences particulières, cela signifie seulement que nos préférences particulières ont la même dignité que celles des autres.

LE PRINCIPE D'OBLIGATION. – Le principe d'obligation est précisément la conséquence du principe de diversité. Il consiste à souligner l'importance des attachements du cosmopolite à ses obligations particulières. Pour illustrer cela, Kwame Appiah propose l'excellente formule « cosmopolite

---

1. Voir M. Nussbaum, « Reply », in *For Love of Country*, Boston, Beacon Press, 1996, p. 137 (nous traduisons).
2. Voir Nussbaum, « Reply », *op. cit.*, p. 138 : « Le défi de la citoyenneté mondiale, il me semble, est de travailler à un état de choses dans lequel toutes les différences seraient comprises sans hiérarchie entres elles » (nous traduisons).

enraciné » (*rooted cosmopolitan*). Évoquant les attachements particuliers du cosmopolite, il écrit :

> Le patriote cosmopolite peut imaginer la possibilité d'un monde dans lequel chaque être humain serait un cosmopolite enraciné, attaché à sa propre maison, avec ses propres particularités, mais ayant du plaisir du fait de la présence d'autres endroits différents, qui sont des maisons pour d'autres personnes, différentes [1].

Une vie humaine étant toujours une vie particulière, une vie vécue par un individu, le respect de la vie humaine en général (postulé par le cosmopolitisme moral) suppose donc au moins de l'intérêt pour ce qui donne du sens à ces existences particulières [2]. Il me semble que l'importance de ce principe tient en ce qu'il permet d'articuler l'appartenance théorique au monde ou à l'humanité, avec la réalité locale des individus qui sont toujours pris dans des cultures propres. En effet l'appartenance au monde n'est pas une appartenance exclusive des

---

1. Voir K. Appiah, « Cosmopolitan Patriots », in *For Love of Contry*, *op. cit.*, p. 22 (nous traduisons). Nous discuterons de ce « cosmopolitisme enraciné » dans notre commentaire du texte de Martha Nussbaum « Patriotism et cosmopolitanism » qui traite de ces problématiques concernant l'articulation des appartenances particulières et de l'appartenance mondiale.

2. Kwame Appiah résume sa position en deux axiomes qui recoupent les principes que nous exposons et qui explicitent cette articulation. « Le premier stipule que nous avons des obligations envers les autres, obligations qui s'étendent au-delà des individus auxquels nous sommes attachés par des liens de parenté ou d'amitié et même au-delà des liens plus formels d'une citoyenneté commune. Le second veut que nous respections la valeur non seulement de la vie humaine en général mais de toute vie humaine en particulier, *ce qui implique que nous nous intéressions aux pratiques et aux croyances qui lui ont donné du sens* [nous soulignons] ». *Cf.* K. Appiah, *Pour un nouveau cosmopolitisme* (trad. A. Botz), Paris, Odile Jacob, 2008, p. 14.

autres types d'appartenance, elle rencontre par la force des choses des appartenances locales, des valeurs différentes, et même certaines pratiques culturelles qui peuvent poser problème au regard des principes que nous avons évoqués plus haut. Ce faisant, ce principe d'obligation a le mérite de tordre le coup à l'idée reçue classique qui voudrait que le cosmopolitisme *nie* l'attachement local au profit de l'attachement mondial. Si le sentiment d'appartenance mondiale est le fait d'une réflexion personnelle (réflexion qui peut effectivement modifier la perception que tel individu peut se faire de ses appartenances particulières), il reste que l'appartenance locale est l'appartenance la plus sensible, et à ce titre, comme le disent Kleingeld et Brown, « le cosmopolitisme peut reconnaître l'importance au moins d'une certaine sorte d'attachement culturel pour le bien-être d'une vie humaine »[1].

Une fois établie cette typologie des usages du terme « cosmopolitisme », des significations auxquelles il renvoie et des principes qu'il suppose, il reste à considérer ce qui fait peut-être l'essentiel d'une réflexion sur le cosmopolitisme, à savoir la réalité du monde dont certains se disent citoyens. Comment ces catégories sont-elles à l'œuvre dans la réalité contemporaine ? Le concept de cosmopolitisme ne doit-il pas être mobilisé à nouveaux frais pour s'appliquer à l'époque actuelle ?

---

1. *Cf.* Pauline Kleingeld et Éric Brown, « Cosmopolitanism », in *The Stanford Encyclopedia of Philosophy*, (Spring 2011 Edition), Edward N. Zalta (ed.), URL : http://plato.stanford.edu.

LA COSMOPOLITISATION DU MONDE

De quel « monde » est-il question ?

LE MONDE DES ANCIENS ET CELUI DES MODERNES. – Le fait de se dire « citoyen du monde » suppose toujours une certaine vision du monde, mais le monde dont le cosmopolite se dit citoyen ne désigne pas toujours la même chose (le monde de Chrysippe ou de Marc-Aurèle n'est pas le monde dont nous parlons aujourd'hui). De ce point de vue, on peut considérer que la période moderne constitue une rupture en ce qu'elle donne au « monde » en question une existence de plus en plus sensible pour ses habitants.

Dans son origine stoïcienne, le concept de cosmopolitisme part d'une acception du terme *monde* qui diffère de la nôtre par son caractère essentiellement intellectuel. Pour les stoïciens, le « monde » dont il est question dans l'expression « citoyen du monde » désigne réellement une cité, c'est-à-dire un ensemble de relations juridiques. Bien sûr, cette représentation du monde comme ensemble organisé et cohérent n'ignore pas la réalité changeante et diversifiée du monde empirique – que l'on songe seulement à la guerre que l'empereur-philosophe Marc-Aurèle a dû mener contre les Sarmates au Nord de l'empire Romain au IIe siècle. Mais les Sarmates, précisément, ne sont pas citoyens de la *Cosmopolis*. Le « monde » stoïcien en effet n'est ni notre planète actuelle (lieu d'habitation du vivant), ni simplement la communauté de tous les hommes. De la même façon, le cosmopolitisme stoïcien ne se contente pas d'affirmer seulement : « nous participons tous également d'une seule et même humanité, par-delà nos différences ». Le cosmopolitisme stoïcien est bien plutôt le fait des sages (c'est-à-dire de ceux qui usent convenablement de leur raison) et, en ce sens, seuls les sages et les dieux appartiennent au monde dont ils parlent[1]. Cette citoyenneté mondiale n'est donc pas un universalisme : seuls quelques-uns la partagent. Autrement dit, si tous les hommes appartiennent à la planète-monde, tous n'appartiennent pas à la cité-monde.

La période moderne se caractérise en revanche par le progrès de ce qu'on pourrait appeler une expérience commune du monde, comme si le monde était devenu progressivement de plus en plus sensible aux individus. Autrefois représentation intellectuelle de quelques personnes éclairées, il a progressivement gagné en épaisseur et en réalité pour tous.

DISTINGUER COSMOPOLITISME ET « COSMOPOLITISATION ». – Ce processus par lequel le monde gagne en épaisseur, c'est ce que Ulrich Beck appelle la « cosmopolitisation » en la distinguant du « cosmopolitisme » à proprement parler[2]. Le cosmopolitisme désigne pour lui une idée théorique abstraite – ce qu'il appelle explicitement une idée « de philosophe » –, alors que la cosmopolitisation désigne sous sa plume ce qu'on pourrait appeler le cosmopolitisme *réel* – ce qu'il appelle aussi le « cosmopolitisme d'en bas »[3]. On peut ramener cette cosmopolitisation à une double idée : 1) la banalité du cosmopolitisme dans nos vies ordinaires (ce qu'il signifie en écrivant

---

1. *Cf.* V. Laurand, *La politique stoïcienne*, Paris, P.U.F., 2005, p. 59-120. Notamment p. 81 : « La participation de l'homme à la raison n'est que le gage d'une possibilité qui est offerte à l'homme de participer à la Cité universelle (en somme, les insensés dans la Cité universelle pourraient être comparés à des enfants, citoyens en puissance, à cette différence près que leur raison est tout autant pervertie qu'inachevée). »

2. U. Beck, *Qu'est-ce que le cosmopolitisme ?*, *op. cit.*, p. 40.

3. *Ibid.*, par exemple p. 203.

« le quotidien est devenu cosmopolitique »[1]); et 2) le dépassement de la sphère nationale (« L'optique nationale, la grammaire nationale sont désormais fausses »[2]). Cette perspective sociologique prétend donc être une sorte de réalisme pour qui le cosmopolitisme est moins un idéal, à penser et à essayer de construire sur différents plans, qu'une réalité à comprendre.

Il me semble qu'on peut encore distinguer cosmopolitisme et cosmopolitisation en caractérisant le premier comme étant un cosmopolitisme *de l'individu* (c'est-à-dire qui suppose une réflexion personnelle, une idée de soi dans le monde), et la seconde comme étant un cosmopolitisme *du grand nombre* (c'est-à-dire qui me concerne comme membre d'un groupe plus qu'il n'est le fait de ma démarche intellectuelle propre). Autrement dit : si le cosmopolitisme suppose, dans son intuition fondamentale, une démarche individuelle (démarche qui suppose une revendication individuelle d'appartenance au monde), la cosmopolitisation concerne l'ensemble des hommes – ils se trouvent pris dans un processus qu'ils ne maîtrisent pas, qui n'est pas le fait d'une décision particulière.

La cosmopolitisation multiforme.

Cette cosmopolitisation prend des formes variées. Selon moi, ce sont ses aspects juridique et politique qui sont les plus frappants et qui, à ce titre, méritent qu'on les présente. Mais ces aspects-là accompagnent une cosmopolitisation progressive des esprits, qui se développe régulièrement. Nous essayerons d'en montrer la nature.

---

1. *Ibid.*, p. 41.
2. *Ibid.*, p. 40.

LA COSMOPOLITISATION DES ESPRITS. – Ce qu'on pourrait appeler la « conscience cosmopolitique » s'est progressivement développé : le monde gagne en épaisseur dans l'esprit de ses habitants, et il est de plus en plus facile et de plus en plus répandu de se sentir solidaire du sort des autres habitants de la planète, et au premier rang des plus pauvres[1]. Où faire remonter cette cosmopolitisation ? Il peut sembler vain de chercher à faire l'histoire précise d'un processus qui n'a jamais vraiment cessé depuis que l'homme essaye de connaitre le monde qui l'entoure. Au moins pouvons-nous dire deux choses quant à l'origine de cette cosmopolitisation.

D'une part il y a une réalité géographique qui impose la cosmopolitisation comme donnée historique nécessaire. On rappelle souvent avec raison l'argument kantien de bon sens à propos de la rotondité et de la finitude de la terre[2]. Kant entend montrer que l'humanité marche vers le cosmopolitisme par une sorte de nécessité historique : en raison de la finitude de la terre, il est inévitable que les hommes se rencontrent et tissent de plus en plus de liens juridiques et politiques entre eux. Comme nous sommes sur un espace fini et que les techniques

---

1. Ce que Daniel Weinstock formule très simplement ainsi : « La plupart des citoyens des pays développés ont le sentiment que la pauvreté dans laquelle vit une vaste proportion de la population mondiale constitue un problème moral, un problème engendrant des obligations morales de leur part ». *Cf.* D. Weinstock, « Comment susciter l'émergence du *demos* mondial ? » (trad. G. Malenfant), in *Le cosmopolitisme, Enjeux et débats contemporains*, R. Chung et G. Nootens (dir.), Montréal, Les Presses de l'université de Montréal, 2010, p. 254.

2. Argument développé dans le troisième article définitif du *Projet de paix perpétuelle* et dans le paragraphe 62 de la *Doctrine du Droit*. *Cf.* notre commentaire du texte de Kant dans la deuxième partie de cet ouvrage.

de communication se développent, la conscience d'appartenir à un même monde est appelée à se développer toujours plus, nous sommes donc condamnés à nous sentir de plus en plus concernés par le devenir les uns des autres. De fait, le sentiment d'appartenir à un monde commun est aujourd'hui communément éprouvé : les catastrophes (Kant parle plutôt des injustices) qui surviennent sur un point du globe entraînent régulièrement des vagues de compassion planétaire.

D'autre part le vingtième siècle joue certainement un rôle particulier dans ce processus de cosmopolitisation en ce qu'il fut le théâtre de crises politiques, économiques, humanitaires et écologiques qui mirent en jeu des acteurs de toute la planète, donnant à l'idée de monde commun une réalité nouvelle[1]. Au-delà de la diversité des cultures et des traditions qui a toujours existé, le monde est ainsi devenu une entité signifiante pour ses habitants qui eurent à en faire, souvent malgré eux, une expérience concrète. De ce point de vue, on peut relever que cette conscience cosmopolitique émerge principalement *en réaction* à des crises, ce qui fait de cette « cosmopolitisation des esprits » une sorte de cosmopolitisme *contraint* par les évolutions du monde et par les crises globales que ses habi-

---

1. Il faut dire que la rencontre effective avec le monde réel ne produit pas mécaniquement l'idée d'un monde commun. Par exemple la Renaissance est en même temps la période où le monde est littéralement *découvert*, et celle où, précisément du fait de ce que cette découverte met au jour comme diversité dans les coutumes et les cultures, il devient difficile de penser le monde comme une unité. Cette période-là met donc en crise le concept de cosmopolitisme (on lui préfère généralement celui d'humanité ou de genre humain), car une citoyenneté mondiale renvoie inévitablement à un ordre supérieur dont l'expérience a montré qu'il n'existait pas et qu'il était difficile à établir au milieu de tant de diversité.

tants ont eu à traverser, et non plus une attitude recherchée pour son attrait éthique. En effet, là où il y avait auparavant une possibilité de se projeter, à l'échelle individuelle, dans un ordre intellectuel supérieur, la modernité impose sa vérité : le monde est devenu une communauté de destins.

LA COSMOPOLITISATION JURIDIQUE. – La cosmopolitisation des esprits s'accompagne d'une cosmopolitisation des rapports entre les hommes – au premier rang desquels les rapports juridiques. Cette « cosmopolitisation de la justice »[1] est symptomatique d'une période dans laquelle tous les espaces sont concernés par le cosmopolitisme. Elle se manifeste avant tout par les institutions juridiques nouvelles qui sont à proprement parler internationales – par exemple l'institution de la Cour Pénale Internationale ou des Tribunaux Pénaux Internationaux. Ces institutions marquent la nouveauté d'un rapport contemporain au droit qui est un rapport effectivement mondialisé. Mais il y a aussi, dans la pratique juridique, des signes tangibles de cette cosmopolitisation. Julie Allard en donne notamment deux exemples très concrets : le « dialogue des juges » et la délocalisation judiciaire[2]. Le dialogue des juges consiste à citer des décisions étrangères à l'intérieur d'un jugement local. Il y a ainsi une sorte de jurisprudence mondiale qui s'institue[3]. La délocalisation judiciaire renvoie au fait de

1. *Cf.* J. Allard, « La "cosmopolitisation" de la justice : entre mondialisation et cosmopolitisme », in *Dissensus*, N°1, Liège, Décembre 2008, p. 61-83.
2. *Cf.* J. Allard et A. Garapon, *Les juges dans la mondialisation*, Paris, Seuil, 2005.
3. Un exemple célèbre est l'invalidation en 2003 d'une loi américaine qui condamnait l'homosexualité par la Cour Suprême des États-Unis, alors même que sa propre jurisprudence allait en sens inverse, et en s'appuyant sur une

se déplacer d'une juridiction à une autre en cas de grave violation des droits fondamentaux (comme pour le jugement de Pinochet[1]). Elle s'appuie sur l'argument de la compétence universelle des juges (les tribunaux ont une compétence élargie, ils peuvent recevoir toute affaire qui a une portée grave, au-delà de son rattachement territorial). Ces deux exemples de Julie Allard montrent que la cosmopolitisation du droit repose sur un argument philosophique et non strictement juridique : il y a un droit devant lequel les citoyens des différents États du monde font, en quelque sorte, communauté.

Dans le cas du dialogue des juges comme dans celui de la délocalisation judiciaire, cet argument philosophique trouve une traduction dont il convient de mesurer la particularité : il se traduit par l'affirmation d'une *compétence universelle des tribunaux nationaux*. Or, nous l'avons dit plus haut, ce n'est pas la seule façon de considérer la mondialisation du droit : il existe aussi des institutions internationales. La cosmopolitisation juridique n'est donc pas univoque et on peut distinguer deux logiques[2] : celle des tribunaux mondiaux (logique que nous pourrions appeler «logique de l'institution internationale»); et celle des tribunaux nationaux (logique dite de

jurisprudence étrangère, européenne en l'occurrence – celle de la Cour Européenne des Droits de l'Homme. Enjeu considérable : les juges se considèrent en quelque sorte comme membres de la «communauté mondiale des juges».

1. En 1998, Le général Pinochet est arrêté en Angleterre parce qu'un mandat d'arrêt international a été émis par un juge espagnol et qu'il l'accuse, avec un de ses confrères, de génocide, de tortures, de terrorisme international et d'enlèvement.

2. *Cf.* le chapitre «Cosmopolitisme judiciaire» de l'ouvrage de St. Chauvier, *Justice et droit à l'échelle globale*, Paris, Vrin, 2006, p. 61 à 86.

la compétence universelle). Pour reprendre les termes de Stéphane Chauvier, nous pouvons dire que ces deux logiques correspondent à *l'externalisation* des questions d'intérêt commun, ou à leur *internalisation*[1]. Elles correspondent pour la première à une cosmopolitisation du dehors de l'État (elle lui vient en effet d'une institution qui lui est extérieure), et pour la seconde à une cosmopolitisation du dedans (c'est le tribunal national qui prend des décisions cosmopolitiques).

LA COSMOPOLITISATION POLITIQUE. – La modernité a construit un monde commun au sein duquel des réseaux d'institutions internationales de plus en plus structurés, sinon de plus en plus cohérents, et touchant à des domaines de plus en plus nombreux, obligent progressivement les États à se sentir dépendants les uns des autres sur les plans politiques et économiques – c'est ce que Daniele Archibugi appelle l'« érosion de l'autonomie politique des États »[2]. Si les individus se sentent de plus en plus solidaires les uns des autres à l'échelle de la planète (cosmopolitisation des esprits), la cosmopolitisation politique désigne le fait que les États eux-mêmes se trouvent pris dans des liens internationaux contraignants et qu'ils aient à composer avec le niveau supra-national. Par ailleurs, l'émergence d'une société civile mondiale est elle aussi une modalité de la cosmopolitisation politique, en tant qu'elle est une entité susceptible de contraindre les institutions nationales et internationales non seulement à se démocratiser (en faisant entendre des voix qui jusqu'alors ne portaient pas suffisamment), mais encore à mener une véri-

1. *Ibid.*, p. 83.
2. *Cf.* D. Archibugi, *La démocratie cosmopolitique. Sur la voie d'une démocratie mondiale*, *op. cit.*, p. 31.

table *cosmopolitique*, c'est-à-dire une politique menée selon les problèmes qui se posent à l'échelle du monde et non seulement à l'échelle internationale [1].

Cette réalité politique du monde est telle qu'on peut faire le constat de la nécessité d'une refonte des schémas politiques traditionnels : on ne peut plus gouverner de manière autonome ni pour ce qui relève de la politique extérieure, ni même pour ce qui relève de la politique intérieure traditionnellement considérée comme étant le domaine propre des États [2]. En matière de politique intérieure en effet, cette cosmopolitisation politique se trouve renforcée par ce qu'on appelle habituellement la mondialisation économique [3], qui rend caduques les solutions politiques traditionnelles et fait perdre aux États l'autonomie qu'ils ont pu avoir [4].

1. De fait, des campagnes mondiales parviennent à fédérer des populations sur l'ensemble du globe autour de problèmes communs (la dette des pays pauvres, l'environnement, certaines crises politiques majeures ayant des conséquences sanitaires importantes, etc.).

2. C'est le constat que dresse par exemple David Held « les États ne peuvent plus être les seuls centres de pouvoir légitimes à l'intérieur de leurs propres frontières ». *Cf.* D. Held, « Globalization an cosmopolitan democracy », *Peace Review*, Septembre 1997, vol. 9, n°3, p. 311. C'est ce rapport à la politique intérieure qui est la nouveauté réelle, car, en matière de politique extérieure, les Etats n'ont jamais gouverné de manière véritablement autonome.

3. La distinction entre « mondialisation » et la « cosmopolitisation » se fonde habituellement sur la distinction entre le caractère économique de la première, et multidimensionnel de la seconde. À ce titre, la mondialisation économique participe à la cosmopolitisation du monde.

4. Dans *Après l'État-nation*, Habermas montre comment l'État-social, c'est-à-dire cette modalité de l'État qui était parvenue à domestiquer le capitalisme et à le rendre compatible avec les exigences de justice sociale des États démocratiques modernes, succombe sous les coups de la globalisation de

Or, si les perspectives politiques sont déjà mondialisées (au sens où les politiques intérieures ne peuvent plus ignorer les enjeux mondiaux), alors la question devient : comment l'organisation politique du monde peut-elle évoluer en tentant compte à la fois de ces évolutions politiques et économiques, et du développement du « sentiment d'appartenance à la planète »[1] dont nous parlions plus haut ? Cette question se pose d'autant plus que la situation politique telle que nous l'avons présentée ne se contente pas de bousculer l'ordre traditionnel. En modifiant les repères traditionnels, elle nous met face à une situation paradoxale caractéristique de notre modernité politique depuis 50 ans. C'est un paradoxe que William Wallace, dans les lignes qui suivent, attribue à l'Europe :

> Le paradoxe central (…) c'est que la gouvernance devient progressivement une activité institutionnalisée dans laquelle plusieurs niveaux se trouvent imbriqués l'un à l'autre, tandis que la représentation, la loyauté politique et l'identité demeurent profondément enracinées dans les institutions traditionnelles de l'État-nation[2].

l'économie à partir du milieu des années 80. Le développement de la libre concurrence correspond à la quête de la rentabilité, celle-ci pousse les États à déréguler pour demeurer attractifs, or cette dérégulation correspond à la baisse des rentrées fiscales. Dans cette spirale, l'État-social a finalement de moins en moins de moyens pour remplir ses fonctions concernant la sécurité, la sécurité sociale, l'éducation, la santé, etc. L'État-social a de moins en moins de moyens pour être social, c'est-à-dire pour redistribuer et permettre à chacun de jouir de ses droits.

1. D. Archibugi, *La démocratie cosmopolitique*, *op. cit.*, p. 41.

2. W. Wallace, « The Sharing of Sovereignty : The European Paradox », *Political Studies*, 47 (3), 1999, special issue, p. 521 (nous traduisons).

David Held propose fort justement, dans un de ses articles récents[1], d'appliquer ce paradoxe au monde dans son ensemble. C'est en effet à ce paradoxe que veut répondre le concept de démocratie cosmopolitique, en essayant de penser ce à quoi peut ressembler une conception d'une gouvernance politique qui tienne compte de cette cosmopolitisation du monde.

La globalisation des risques : l'impératif cosmopolite.

Toutefois, je pense que ce vaste processus de cosmopolitisation ne suffit pas en lui-même à légitimer le projet d'une politique mondiale. Je suis plutôt partisan de l'idée que c'est *ce dont il est le signe* qui importe en réalité, à savoir une situation de fait qui appelle un projet politique. Peut-être l'éveil d'une conscience cosmopolitique et le développement continu de cette cosmopolitisation dans différents domaines pourront jouer un rôle dans la construction d'un projet politique cohérent ou dans l'évolution des modes de participations des peuples aux décisions fondamentales[2], mais c'est surtout une *situation* que cette conscience permet de

---

1. D. Held, « Cultural and Political Community : National, Global, and Cosmopolitan », *in* St. Vertovec et R. Cohen (dir.), *Conceiving cosmopolitanism : Theory, Context, and Practice*, Oxford, Oxford University Press, 2008, p. 56.

2. Richard Falk par exemple, un des principaux auteurs de la démocratie cosmopolitique, concentre son analyse sur l'importance de la société civile pour faire appliquer les droits de l'homme. *Cf.* R. Falk, « The World Order between Inter-State Law and the Law of Humanity : the Role of Civil Society Institutions », *in* D. Archibugi et D. Held (dir.), *Cosmopolitan Democracy, an agenda for a new world order*, Cambridge, Polity press, 1995, p. 163-179.

mettre en lumière. Avec Habermas notamment [1], nous pouvons relever une nouveauté dans la situation contemporaine. Pour lui en effet, si les catastrophes contribuent effectivement à faire émerger un *sentiment cosmopolitique*, la nouveauté consiste en ce que ce sont aussi ce qu'on pourrait appeler les « périls » qui font apparaître une *urgence*. Le point de vue de Habermas est le suivant : l'humanité ne peut plus attendre les catastrophes mais se trouve contrainte d'anticiper les périls. Voilà donc l'élément déterminant : l'émergence de risques globaux partagés par tous les habitants de la planète et qui sont en eux-mêmes des catastrophes obligeant à réagir [2].

L'urgence de la résolution de ces risques explique en partie le développement d'un sentiment cosmopolitique, comme en témoignent les mouvements mondiaux de citoyens qui s'organisent à l'échelle mondiale et qui imaginent des actions partout sur la planète. Mais c'est surtout cela qui impose l'émergence d'une politique mondiale susceptible de construire des solutions globales [3]. Face à ces dangers il est en effet de moins en

1. *Cf.* J. Habermas, « Tirer les leçons des catastrophes ? », dans *Après l'État-nation. Une nouvelle constellation politique* (trad. R. Rochlitz), Paris, Fayard, 2003.

2. Les exemples de problèmes mondiaux appelant une réponse globale sont nombreux et connus, nous nous contentons d'en donner une liste rapide : déforestation, course aux armements, conflits ethniques, crises écologiques, dilemmes éthiques face aux progrès médicaux, accroissement des inégalités au niveau mondial, terrorisme, etc.

3. Cependant ces risques ne suffisent pas en eux même à *garantir* l'institution d'une véritable cosmopolitique. Pour une discussion de ce point, voir notamment U. Beck, *La société du risque* (trad. L. Bernardi), Paris, Champs-Flammarion, 2003 (1986), p. 84 *sq.* ; M. Fœssel, « La raison du cosmopolitisme », *Cahiers Philosophiques*, numéro 128 (Dossier « Le cosmopolitisme », sous la direction de L. Lourme), 4e trimestre 2011, § 7 à 9 ; ou

moins possible de mener une politique strictement nationale (ou repliée sur telle ou telle région du globe). C'est cet état de fait que l'on appelle un « impératif cosmopolite »[1]. Ulrich Beck le formule en ces termes « Kant ou la catastrophe ! Coopérer ou échouer ! »[2]. Que signifie cet impératif ? L'humanité se trouve contrainte à la coopération politique, même si la forme que prendra cette coopération n'est pas définie. La véritable source de légitimité du cosmopolitisme politique ou institutionnel n'est ainsi pas à proprement parler le processus de cosmopolitisation lui-même, mais plutôt la situation mondiale qui nous place face à l'urgence d'une véritable cosmopolitique.

SUR LA POSSIBILITÉ D'UN COSMOPOLITISME POLITIQUE

La gouvernance globale actuelle et celle à venir

La cosmopolitisation des esprits et des pratiques d'une part, et l'émergence de nouveaux risques globaux d'autre part, poussent à essayer d'imaginer la traduction institutionnelle que pourrait avoir le vieil idéal cosmopolite. En effet, le constat que nous venons de dresser, dans les pages qui précèdent, d'un monde dont l'existence est devenue de plus

encore *L'humanité face aux risques globaux* (sous la direction de D. Innerarity et J. Solana), Bordeaux, Presses Universitaires de Bordeaux, 2012.

1. *Cf.* notamment l'article de U. Beck, « Vivre avec le risque global », dans *L'humanité face aux risques globaux, op. cit.* ; ou celui de K. Nielsen, « Un gouvernement mondial : un impératif cosmopolite ? », dans *Le cosmopolitisme, en jeux et débats contemporains*, R. Chung et G. Nootens (dir.), Montréal, Les presses de l'université de Montréal, 2010, p. 120-121.

2. *Cf.* U. Beck « Vivre avec le risque global », dans *L'humanité face aux risques globaux, op. cit.*

en plus sensible à ses habitants, où les réseaux d'obligations (politiques, économiques, juridiques, militaires, culturels, etc.) se multiplient à toutes les échelles, et, surtout, où les risques sont devenus mondiaux, n'est pas un constat neutre sur le plan politique.

Le concept de « démocratie cosmopolitique » a été construit depuis une trentaine d'années environ, pour essayer de réagir à ce constat et à l'urgence qu'il met au jour. De ce constat on peut dire au moins deux choses. D'une part, la période actuelle se caractérise par le développement autonome et souvent non coordonné de ce que David Held appelle la « gouvernance multicentrique »[1]. D'autre part, ce mode de gouvernance globale et son développement semblent indiquer le besoin d'une organisation globale cohérente. Tout particulièrement, les chevauchements de compétences et de responsabilités entre les différents types d'acteurs (étatiques, internationaux ou non-gouvernementaux) et entre les différentes échelles concernées par une décision politique, aboutissent à une inefficacité politique que certains penseurs mettent sur le compte d'un défaut d'organisation coordonnée de la gouvernance globale telle qu'elle existe actuellement[2]. Les penseurs de la démocratie cosmopolitique se trouvent donc

1. *Cf.* D. Held, *Un nouveau contrat mondial. Pour une gouvernance social-démocrate* (trad. R. Bouyssou), Paris, Presses de la fondation nationale des sciences politiques, 2005, p. 140.

2. Nous pourrions toutefois interroger la pertinence de ce rapport de cause à effet. Pour un partisan du « nationalisme libéral » par exemple, nul doute que l'inefficacité du niveau global n'est pas due à une mauvaise organisation ou à un défaut de coordination (c'est-à-dire à un problème accidentel), mais plutôt au fait qu'il s'agisse précisément d'un échelon qui est, par nature, condamné à être moins efficace que l'échelon national.

face à une situation étrange dans laquelle un état de fait (la cosmopolitisation politique) est pris pour le signe d'une marche vers le cosmopolitisme, mais dans laquelle ce cosmopolitisme de fait doit être relayé par une construction institutionnelle pour être plus efficace sur le plan politique (situation paradoxale dans laquelle le signe doit s'effacer pour qu'advienne ce dont il est le signe).

La légitimité de ce passage d'un cosmopolitisme de fait à un cosmopolitisme «par en haut» est d'ailleurs un des premiers problèmes que rencontrent ces auteurs. Rien n'indique en effet que la situation actuelle n'aboutisse nécessairement à une gouvernance du type de celle du cosmopolitisme institutionnel, la cosmopolitisation et la globalisation des risques ne suffisent pas à établir que le cosmopolitisme institutionnel serait la seule voie politique possible[1]. De fait, les situations de cosmopolitisation pourraient aussi aboutir à un rejet des politiques basées sur les responsabilités partagées, sur les délibérations collectives et égalitaires, et sur l'autorité de la loi – autant de caractéristiques fondamentales du cosmopolitisme politique. Nous voyons en effet bien des cas aujourd'hui dans lesquels les États et les peuples prennent le contre-pied de l'attitude cosmopolitique en réaffirmant soit leur autonomie politique contre les exigences globales, soit leur volonté de gérer seuls les problèmes qui impliquent pourtant une plus large quantité de personnes, soit enfin la légitimité des décisions souveraines qu'ils prennent, parfois contre les normes de la justice internationale, en matière

---

1. *Cf.* M. Fœssel, « La raison du cosmopolitisme », *op. cit*, § 8.

de politique intérieure ou extérieure[1]. Que faire de ces signes de réactions apparemment contraires au processus de cosmopolitisation? Et comment maintenir la possibilité d'un cosmopolitisme face à toutes les formes de repli identitaire ou de volonté expansionniste qui accompagnent la cosmopolitisation?

On peut d'abord répondre que la cosmopolitisation est un *processus* qui se déploie toujours aux côtés d'autres processus qui peuvent lui être contraires (ethnicisation des conflits, développement des sentiments nationaux, etc.). Par ailleurs, le fait qu'il y ait objectivement l'émergence d'une cosmopolitisation ne signifie ni que cette cosmopolitisation soit linéaire, ni qu'elle se développe de la même façon partout sur la planète, ni qu'elle ne suscite pas de réactions de rejet. Mais surtout, nous pouvons dire que ce sont ces réactions-là qui obligent à un projet politique. Elles montrent en effet que, si la cosmopolitisation peut être considérée comme une tendance de fond, elle n'est évidemment pas suffisamment contraignante pour faire advenir un ordre véritablement cosmopolitique : pour régler les problèmes qui se posent à l'échelle de la planète (et qui sont donc la véritable source de légitimité du cosmopolitisme institutionnel) il faut un projet politique qui prenne le relais de ce qui n'est au fond qu'un état de fait.

Pourquoi alors le projet d'un cosmopolitisme institutionnel serait-il plus légitime qu'un autre? La conviction fondamentale des cosmopolites est que la gouvernance globale

---

1. Les fameux débats qui se sont tenus à l'ONU et qui ont précédé la guerre en Irak en 2003 en sont un exemple frappant, tout comme ceux qui ont accompagnés la création de la Cour Internationale de Justice ou les accords de Kyoto.

actuelle manque d'efficacité politique et qu'il faut une nouvelle organisation. L'état actuel (à la fois centré sur les États et manquant de cohérence à l'échelle globale) n'est plus adapté ni aux défis contemporains, ni aux normes démocratiques de justice : il faut de nouvelles institutions.

L'idée d'une « démocratie cosmopolitique ».

Bien qu'il plonge ses racines très profondément dans l'histoire de la pensée politique par l'emploi des deux termes qu'il associe, le concept de démocratie cosmopolitique obéit cependant à une ambition proprement contemporaine : chercher quelles institutions politiques permettraient une politisation de la sphère mondiale qui soit juste au regard des normes démocratiques. Nous disons que cette ambition est contemporaine parce qu'il fallait bien que le monde ait gagné en épaisseur pour que la question du cosmopolitisme puisse effectivement se poser sur le plan institutionnel. La philosophie politique s'interroge en effet depuis longtemps sur les modes d'organisation possibles de la sphère interna-tionale, mais la nouveauté de la période contemporaine est qu'elle inclut la question du statut des individus et des peuples dans les institutions internationales et globales[1], et qu'elle ne se contente plus de penser les rapports d'États à États.

Pour le dire aussi simplement que possible, le concept de démocratie cosmopolitique renvoie à la volonté d'appliquer la démocratie au monde et à ses habitants – ce qui revient à

1. Ce que Kant fut le premier à essayer de faire en imaginant les contours que pourrait prendre un « droit cosmopolitique » dans le troisième article définitif de son *Projet de Paix Perpétuelle*. Nous commentons cet article dans la deuxième partie de cet ouvrage.

imaginer une forme de gouvernance démocratique qui ne soit plus seulement « nationale » ou « internationale », mais véritablement « cosmopolitique ». Les réformes institutionnelles viseront ainsi à constituer un monde cohérent sur le plan politique et régi par des règles démocratiques.

LES POSTULATS FONDAMENTAUX. – Ayant déjà évoqué dans ces pages certains aspects du cosmopolitisme politique, nous pouvons résumer les fondements du concept de démocratie cosmopolitique à deux postulats principaux.

a) *Un monde démocratique est préférable à un monde non-démocratique.* Pour ce premier point qui risque bien entendu de paraître uniquement idéologique, il y a en fait un triple niveau de justification. Un niveau pragmatique d'abord : la démocratie est *efficace* (nous pourrions dire qu'elle est plus durable dans le temps, qu'elle parvient mieux à prévenir le sentiment d'injustice, qu'elle favorise aussi la paix entre les peuples, le commerce, etc.); un niveau politique ensuite puisque la démocratie devient la forme de gouvernement privilégiée des États du monde ; et enfin un niveau effectivement idéologique – Daniele Archibugi posant explicitement comme une hypothèse fondamentale la « valeur universelle »[1] de la démocratie.

b) *La démocratie est un processus plus qu'une manière figée de gouverner.* Pour les penseurs de la démocratie cosmopolitique, la démocratie est un « processus » d'adaptation des institutions politiques cherchant à apporter des réponses aux demandes de la société civile en tenant compte de certains principes, c'est-à-dire qu'il s'agit d'un concept « ouvert »,

---

1. *Ibid.*, p. 44.

jamais défini une fois pour toutes, mais qui est sans cesse à réinventer. La démocratie n'a pas le même sens dans l'Antiquité grecque et dans le monde contemporain, mais il s'agit pourtant dans les deux cas de démocratie (quelques repères se retrouvent et permettent de la distinguer de ce qu'elle n'est pas, notamment le principe majoritaire, l'autorité de la loi, et la valeur accordée à la délibération rationnelle et concertée). Dans l'esprit des penseurs de la démocratie cosmopolitique, il ne s'agit donc que de faire passer un nouveau cap à la démocratie : passer du national au mondial (comme elle a eu à le faire en passant du gouvernement d'une Cité à celui d'un État moderne).

Les objectifs de la démocratie cosmopolitique. – À mon sens, l'objectif principal du cosmopolitisme institutionnel dans son ensemble tient en sa volonté d'organiser une gouvernance mondiale qui parvienne à la fois à faire entendre les voix qui ne peuvent se faire entendre à l'échelle mondiale, à articuler entre eux de manière efficace les différents niveaux de compétence et de responsabilité, tout en échappant à l'impasse théorique du gouvernement mondial centralisé[1]. Cette lutte contre la centralisation du pouvoir est avant tout une lutte institutionnelle (limiter le pouvoir des États en imaginant de

---

1. Nous lisons par exemple à la p. 59 de *La Démocratie Cosmopolitique* : « La démocratie cosmopolitique ne doit pas être identifiée avec un projet de gouvernement mondial (qui est nécessairement tributaire de la concentration des forces dans les mains d'une seule institution), au contraire, il s'agit d'un projet qui promeut les alliances volontaires et révocables entre les gouvernements et les institutions méta-gouvernementales, et où le pouvoir de coercition, en dernier recours, est partagé entre les participants et soumis à un contrôle juridictionnel. »

nouvelles institutions véritablement cosmopolitiques), mais cela revient aussi à imaginer une architecture du pouvoir dans laquelle celui-ci se déploie sur les différents niveaux de gouvernance.

Cet objectif global peut se décliner sous différentes formes plus précises. Les principaux objectifs de la démocratie cosmopolitique peuvent être résumés en cinq points.

Table 4. – Les objectifs de la démocratie cosmopolitique [1]

a. Le contrôle de l'usage de la force.

b. Acceptation de la diversité culturelle.

c. Renforcement de l'auto-détermination des peuples.

d. Suivi des affaires intérieures.

e. La gestion participative des problèmes mondiaux.

Bien-sûr, ces points doivent être articulés entre eux (on ne saurait par exemple affirmer le renforcement de l'auto-détermination des peuples dans une perspective cosmo-politique, sans affirmer en même temps la nécessité d'un suivi attentif des affaires intérieures notamment pour veiller à la protection des droits de l'homme). Par ailleurs, tous ces domaines d'intervention (usage de la force, diversité cultu-relle, auto-détermination des peuples, affaires intérieures, et gestion des problèmes mondiaux) présentent la particularité de faire le lien entre les différents niveaux de gouvernance, du local au global.

---

1. *Cf.* D. Archibugi, *The global commonwealth of citizens; Toward Cosmopolitan Democracy*, Princeton, Princeton University Press, 2008, § 4.2. p. 88-89.

LES RÉFORMES INSTITUTIONNELLES. – Appliquer la démocratie au monde, comme entendent le faire les penseurs de la démocratie cosmopolitique, ne signifie pas seulement promouvoir la démocratie comme forme de gouvernement des États et démocratiser le mode de fonctionnement des institutions internationales existantes (en réfléchissant par exemple aux réformes possibles de l'ONU). Cela signifie surtout : favoriser l'expression d'une citoyenneté mondiale par la création d'institutions *ad hoc*. À quoi ces institutions peuvent-elles ressembler ?

Daniele Archibugi situe le modèle cosmopolitique entre les deux modèles traditionnels de répartition des pouvoirs au-delà du niveau national : le modèle fédératif d'une part (le plus centralisé) et le modèle confédératif d'autre part (le moins centralisé)[1]. L'expérience de l'évolution de certaines confédérations (notamment l'Union Européenne) semble même indiquer que la démocratie cosmopolitique est un horizon politique tout à fait possible à condition de situer au cœur de l'organisation interétatique la préoccupation démocratique, ce qui n'a pas encore été le cas selon lui.

Le projet consiste donc à imaginer une structure politique globale véritablement démocratique dans laquelle, notamment, les institutions intergouvernementales seraient bâties à partir de l'égalité entre les États, et les institutions cosmopolitiques à partir de l'égalité entre les citoyens du monde. Le pouvoir serait ainsi effectivement décentralisé à l'échelle mondiale et le pouvoir des États serait contrebalancé au niveau international d'abord, et au niveau cosmopolitique ensuite. La démocratie cosmopolitique repose donc d'une part

1. *Ibid.*, p. 102-106.

sur la démocratisation de tous les niveaux de gouvernances (local, national, régional, international et mondial), et d'autre part sur la création d'institutions permanentes participant aux prises de décisions concernant les questions cosmo-politiques (environnement, flux migratoires, désarmement, interventions humanitaires, etc.) et disposant de compétences spécifiques pour régler les conflits.

L'exemple le plus communément débattu d'institution cosmopolitique est l'idée d'un parlement mondial qui n'en finit pas de poser des questions à la fois sur le plan de la possibilité de sa mise en place et sur son caractère souhaitable. Mais cet exemple frappant, hautement symbolique et proba-blement peu à même d'être un jour atteint, ne doit toutefois pas masquer le cœur des réformes institutionnelles qui consiste en une nouvelle conception de la souveraineté et en une plus grande place accordée à la participation des citoyens dans les différents échelons de la gouvernance. Ce que David Held précise ainsi :

> Les exigences institutionnelles du cosmopolitisme politique sont les suivantes : la gouvernance à plusieurs échelles et la diffusion de l'autorité ; un réseau de forums démocratiques allant du local au global ; l'accroissement de la transparence, de la responsabilité et de l'efficacité des organisations inter-gouvernementales fonctionnelles principales, ainsi que la mise sur pied de nouveaux organismes de même type (...) ; l'utilisation de mécanismes de diverses formes pour accéder aux préférences publiques, éprouver leur cohérence et animer la formation de l'opinion publique ; la mise sur pied d'une force policière et militaire internationale efficace et respon-

sable pour défendre le droit cosmopolitique par l'utilisation, en dernier recours, du pouvoir coercitif.[1]

En ce sens, parler de « citoyenneté mondiale » cesse d'être un abus de langage ou une image renvoyant à une représentation intellectuelle. À partir de telles institutions, on comprend que cette notion renvoie effectivement à une nouvelle forme de citoyenneté non plus fondée sur l'appartenance à un territoire, mais plutôt sur le partage d'institutions et de règles de droit communes et collectivement adoptées.

Si elles sont rendues quasi-nécessaires par le contexte politique, pourquoi alors ces réformes institutionnelles ne sont-elles pas encore advenues? S'il apparaît que la question de la possibilité de leur accomplissement se pose malgré les défis contemporains auxquels elles permettraient de répondre, c'est principalement parce qu'elles bousculent les schémas classiques de la gouvernance. En effet, ces revendications institutionnelles n'ont pas besoin d'être plus détaillées[2] pour que l'on réalise qu'elles remettent profondément en cause la souveraineté des États (ce que montrait déjà la lecture des points 1 et 4 évoqués dans notre table 4, à savoir le contrôle de l'usage de la force et le suivi des affaires intérieures).

1. D. Held, « Cosmopolitanism : globalization tamed? », *Review of International Studies*, vol. 29, n° 4, 2003, p. 478. Cité et traduit par G. Nootens, *Souveraineté démocratique, Justice et mondialisation*, Montréal, Liber, 2010, p. 104.

2. David Held essaye de préciser les éventuelles réformes institutionnelles dans les différentes dimensions des cosmopolitismes juridique, économique, culturel et politique, à la fin de son article « Cosmopolitanism : taming globalization » *in* D. Held and A. McGrew, (dir.) *The global transformations reader : an introduction to the globalization debate*, Cambridge, Polity Press, 2003, p. 514-529), p. 522 *sq.*

Discussions autour de l'idée d'une démocratie cosmopolitique.

COSMOPOLITISME *VERSUS* SOUVERAINETÉ. – Que devient la souveraineté nationale dans un tel projet ? Il apparaît au moins qu'elle n'est plus le dernier mot des relations entre États puisque ceux-ci sont soumis à d'autres autorités. En toute rigueur, ces nouvelles institutions (qui relèvent d'une application plus stricte des principes de subsidiarité et de suppléance) ne font pas littéralement « disparaître » la souveraineté nationale, elles l'incluent seulement dans une vision élargie de la responsabilité politique qui se décline dans les différents échelons de la gouvernance globale. Le cosmopolitisme politique propose ainsi une dispersion verticale de la souveraineté entre différents niveaux de gouvernance – la souveraineté pourrait être déléguée à d'autres organes (locaux ou supranationaux) pour des questions spécifiques.

Mais si la souveraineté nationale ne disparaît pas, elle est cependant largement bousculée dans son modèle classique. Le cosmopolitisme institutionnel tel qu'il se présente à travers les objectifs fixés par Daniele Archibugi ou à travers les réformes institutionnelles évoquées par David Held, a des conséquences non seulement sur la souveraineté externe (l'État est engagé dans une échelle de gouvernance dont il n'est qu'un échelon), mais aussi sur la souveraineté interne. En effet, il n'est plus forcément le seul compétent sur le territoire national (des acteurs locaux ou supranationaux peuvent décider où participer à la décision, là où il était auparavant seul décideur) et, même dans le cas où il décide seul d'une action sur son territoire, il doit pouvoir répondre de ses choix devant les autres échelons de la gouvernance globale. C'est donc une profonde remise en question du modèle westphalien que le cosmopolitisme politique essaye de penser – tellement profonde que Daniele Archibugi propose de remplacer le concept de « souveraineté » par celui de « constitutionalisme » qui souligne la nouveauté du cosmopolitisme politique[1].

Ce point est bien entendu le principal objet de débat auquel est soumis le cosmopolitisme institutionnel. Les critiques se concentrent en effet sur cette dispersion de la souveraineté qui semble tantôt non souhaitable (pour les nationalistes libéraux par exemple), tantôt non réalisable (pour ceux qui se nomment réalistes). Sur le caractère souhaitable de telles institutions, je crois que les deux principaux arguments en faveur de ce cosmopolitisme politique consistent premièrement à montrer l'inefficacité de l'état actuel des choses et son injustice au regard des normes démocratiques, et deuxièmement à rappeler les nouveaux défis mondiaux qui émergent (nous l'avons évoqué plus haut) et qui appellent une réponse à l'échelle mondiale et non seulement internationale – à l'échelle internationale, les intérêts des États peuvent être contraires à ceux de la planète ou des peuples.

---

1. Nous lisons : « Je suggère de remplacer, au sein des États aussi bien qu'entre les États, la notion de *souveraineté* par celle de *constitutionnalisme*. Le contenu de cette proposition correspond à ce que l'on peut appeler l'idée de la dispersion verticale de la souveraineté et au modèle cosmopolitique de la souveraineté. Toutefois, je maintiens que l'utilisation de la notion de « souveraineté » elle-même devrait être supprimée. Les conflits concernant la question de la compétence (découlant des différents niveaux de gouvernance) doivent être résolus par le biais d'un constitutionnalisme mondial, et doivent renvoyer à des organes juridictionnels, qui, à leurs tours, doivent agir sur la base d'un mandat constitutionnel explicite. » *cf.* D. Archibugi, *La Démocratie Cosmopolitique*, p. 55-56.

Pour ce qui concerne la critique des réalistes (critique qui consiste à dire qu'une telle remise en cause de la souveraineté n'est pas possible parce que les États ne renonceront pas à leurs prérogatives), je crois qu'il convient de répondre en renvoyant ces réalistes à leur propre réalisme. Les réseaux d'obligations mondiales et les normes de la justice internationale ne laissent pas indemne le concept ancien de la souveraineté nationale, et ils obligent au moins à reconsidérer le modèle dans lequel nous continuons à vivre et qui fait de l'État le principal acteur politique. Les prétendus réalistes qui continuent d'affirmer comme un dogme indépassable la souveraineté de l'État ne manquent-ils pas eux-mêmes de réalisme devant la situation contemporaine ? N'est-ce pas le signe d'un manque de clairvoyance politique ? En somme nous pourrions dire qu'il n'est pas réaliste de considérer que le modèle classique de la souveraineté est toujours d'actualité [1].

Reconnaître qu'il faut dépasser la vision de la souveraineté n'aboutit cependant pas nécessairement au cosmopolitisme institutionnel et sûrement peut-on s'accorder sur le premier point tout en considérant l'autre comme irréaliste. Mais, d'une part, savoir ce qui est « irréaliste » en matière politique est évidemment délicat à établir avec certitude, et d'autre part il me semble que la démocratie cosmopolitique a ceci de parti-

---

1. C'est en tout cas la réponse que propose David Held. Nous lisons : « Si une telle mesure a l'air d'être une chimère, on doit souligner que c'est une chimère d'imaginer que l'on puisse aujourd'hui prôner la démocratie sans prendre au sérieux la série de questions abordées ici. » cf. D. Held, *Democracy and the Global Order : From the Modern State to Cosmopolitan Governance*, Cambridge, Polity Press, 1995, p. 249 (cité et traduit par A. Hartzenburger, « Le cosmopolitisme est-il une utopie ? » dans H. Vincent (dir.), *Citoyen du monde : Enjeux, responsabilités, concepts*, Paris, L'Harmattan, 2004, p. 33-46), p. 37.

culier qu'elle est pensée au nom des normes démocratiques elles-mêmes. En d'autres termes, il apparaît que c'est le développement de la démocratie elle-même qui oblige à sortir des cadres du modèle westphalien, car pour continuer à parler de gouvernance *démocratique*, il faut chercher à démocratiser l'état actuel de la gouvernance globale (une nation qui défend la norme démocratique en matière de politique intérieure peut-elle renoncer à ses principes quand il s'agit de politique extérieure ?).

Sur la nature « démocratique » de la démocratie cosmopolitique. – Cette capacité de la démocratie à dépasser ses cadres traditionnels pour s'appliquer à l'échelle régionale ou globale ne va cependant pas de soi. Pour les nationalistes libéraux par exemple, il n'existe pas de « démos » mondial qui puisse donner lieu à une véritable démocratie cosmopolitique. Cette critique consiste à interroger la puissance du « sentiment cosmopolitique » et la possibilité de fonder sur lui une véritable politique démocratique mondiale. Pour les théoriciens de cet argument (David Miller ou Will Kymlicka par exemple), les politiques démocratiques nationales et les contraintes qu'elles font peser sur leurs citoyens ne peuvent fonctionner que parce qu'elles s'appliquent à des communautés qui se reconnaissent comme communautés politiques (autour de valeurs communes, d'une histoire commune, d'un sol commun, voire même d'une langue commune qui permet de se comprendre et de débattre ensemble). C'est la cohérence politique de la communauté qui permettrait de supporter les sacrifices que ses membres sont appelés à faire les uns pour les autres. Or l'idée de démocratie cosmopolitique n'a pas un tel fondement. Certes il y a un sentiment qui se développe et s'organise, mais il n'est pas cohérent au sens où il n'est pas ressenti par tous de la même façon, au sens encore où, aussi développé qu'il puisse être, on ne saurait le dire universel, au sens enfin où il ne viendrait à l'idée de personne de dire que la communauté mondiale soit cohérente sur le plan des valeurs, ou des croyances, ou de l'histoire, etc. Ainsi, à considérer comme le fait David Miller la réalité du champ politique, la démocratie et la citoyenneté ne seraient donc possibles qu'à l'échelle nationale[1], et la cosmopolitique se trouverait condamnée soit à n'être pas démocratique (puisqu'elle ne pourrait se fonder sur un *démos* mondial[2]), soit à n'être pas du tout.

Pour ma part, j'accorderai bien volontiers aux nationalistes libéraux le fait que le sentiment cosmopolitique ne saurait suffire à faire une communauté politique cohérente. Mais je n'en déduis pas l'impossibilité du cosmopolitisme politique au moins pour trois raisons.

(a) *Le sentiment d'appartenance n'est pas naturel mais au moins partiellement construit.* Est-ce si naturel que cela d'être solidaire de ses concitoyens? Le sentiment d'appartenance collective précède-t-il réellement l'appareil politique? Sur ce point, les partisans de la thèse institutionnaliste montrent que la solidarité est très souvent le fait de l'institution qui créée le lien communautaire[3]. Sur quoi alors cette institution nouvelle

---

1. Voir par exemple: W. Kymlica, «Liberal Nationalism and Cosmopolitan Justice» (*in* S. Benhabib, *Another Cosmopolitanism*, New York, Oxford University Press, 2006, p. 128 à 144), p 129.

2. C'est la question qui donne son titre à l'article de Nadia Urbinati: «Can cosmopolitical democracy be democratic?» in *Debating Cosmopolitics*, D. Archibugi (dir.), p. 67 *sq.*

3. *Cf.* par exemple D. Archibugi qui évoque la construction des États-Unis dans *La démocratie cosmopolitique*, p. 71-72, ou encore D. Weinstock,

se fonde-t-elle elle-même? On peut répondre: un calcul rationnel de l'intérêt bien compris[1]. Autrement dit, à l'échelle mondiale, même si le sentiment cosmopolitique n'avait pas assez de force en lui-même pour aboutir à l'institution d'une cosmopolitique, celle-ci pourrait se présenter comme nécessité politique, et participer alors à *construire* le *démos* mondial qui lui faisait originellement défaut. On pourrait dire en somme que, dans cette perspective institutionnaliste, c'est l'institution qui crée la communauté d'obligations et non la communauté de valeurs qui fonde l'institution.

(b) *On peut éprouver de la solidarité pour les individus éloignés.* Nous développerons ce point dans notre commentaire du texte de Martha Nussbaum, mais au moins pouvons-nous ici apporter un élément de réponse à ceux qui disent que le problème n'est pas seulement que le *démos* mondial n'existe pas, mais plus encore qu'il ne peut pas exister car on ne peut se sentir solidaire que de membres d'une communauté proche et qui nous ressemblent. Cet argument, qu'on pourrait appeler l'argument de la « sympathie prochaine », postule que la solidarité ne peut s'exercer que sur un proche, jamais un tel sentiment ne pourra donc exister pour la totalité du monde. Cet impossibilité-là, le développement du sentiment cosmopolitique y répond par le fait. Mais, même sur le plan théorique,

« Comment susciter l'émergence du *demos* mondial ? » (trad. G. Malenfant, in *Le cosmopolitisme, Enjeux et débats contemporains*, R. Chung et G. Nootens (dir.), Montréal, Les Presses de l'université de Montréal, 2010, p. 241-261), p. 246.

1. *Cf.* notamment D. Weinstock, *Ibid.* Il explique par exemple que ce calcul joue comme « appât motivationnel » p. 253. Il s'inspire sur ce point des travaux de Goodin à l'échelle nationale. *Cf.* R. Goodin, *Motivating Political Morality*, Oxford, Basil Blackwell, 1992.

il n'y a pas de raison de considérer que la sympathie doive nécessairement se limiter à une communauté restreinte ou à nos proches seulement. Au contraire, tout porte à croire que la sympathie non seulement peut se porter au-delà de mon environnement immédiat, mais qu'elle s'y porte plus facilement, plus spontanément encore. En effet, sous certains égards, il est plus facile de ressentir de la compassion pour le lointain que pour le prochain (parce que c'est une compassion qui ne m'engage pas directement, qui n'exige pas de moi d'être confronté à la réalité politique de l'autre qui est là, dont je vois la souffrance sous mes yeux). On pourrait peut-être même aller jusqu'à dire que c'est cette facilité de la sympathie internationale qui peut poser problème au cosmopolitisme politique si elle ne se traduit pas dans le domaine de l'action mais se contente d'une sympathie à distance.

(c) *La démocratie n'a pas forcément besoin d'un démos très cohérent*. La démocratie, au niveau national, ne nécessite pas forcément, pour fonctionner, une communauté ayant un degré élevé de cohérence. Il y a de ce point de vue une sorte de mythologie entourant l'État-nation homogène et dont l'identité nationale pourrait clairement être définie. Même à l'échelle nationale en effet, une hétérogénéité forte au sein de la communauté politique n'empêche pas forcément celle-ci de fonctionner démocratiquement (il suffit de penser aux États multinationaux et multilingues : Canada, Suisse, Espagne, etc.). Cela ne signifie pas que la cohérence communautaire ne puisse être un atout pour une démocratie, mais il n'y a pas de raison de déduire de la diversité l'impossibilité d'une institution démocratique.

L'Impérialisme, stade suprême du cosmopolitisme ? – Le cosmopolitisme n'est-il pas un idéal occidental qui avancerait masqué? Dans sa forme politique notamment, ne porte-t-il pas en lui un risque d'impérialisme? Cette question se pose sous deux formes. Premièrement sous une forme strictement politique : les grandes nations ne risquent-elles pas se servir des institutions cosmopolitiques pour imposer leur volonté aux petites? Deuxièmement sous une forme plus large (disons morale et culturelle) : le cosmopolitisme politique ne risque-t-il pas toujours de ressembler à un universalisme occidental (un occidentalisme)? Daniele Archibugi évoque explicitement ce risque comme étant le risque principal du cosmopolitisme.

> Dans les conditions historiques actuelles, le cosmopolitisme est un projet si puissant que nous devons également être conscients des risques qu'il comporte. Le risque principal est qu'il soit utilisé pour imposer la vision de la société des élites occidentales aux autres parties du monde. Aujourd'hui, l'Occident est le plus puissant non seulement économiquement, socialement, et culturellement, mais aussi militairement, et je m'inquiète que certains des principes cosmopolitiques mal compris puissent être utilisés pour imposer la volonté de l'Occident par la force plutôt que par la discussion[1].

Prenons l'exemple d'une pratique culturelle et politique telle que celle de la chefferie traditionnelle. Les «principes cosmopolitiques mal compris» pourraient effectivement aboutir à une situation où, au nom du principe de l'égale dignité des personnes ou du principe de participation par exemple, on exigerait de ces modes d'organisation politique une mutation vers des formes occidentales de démocratie (élections

---

1. D. Archibugi et S. Benhabib, « Vers un projet cosmopolitique » (trad. L. Lourme), *Cahiers philosophiques*, n° 122 / 3ᵉ trimestre 2010, p. 122.

ouvertes à tous, liberté d'être candidates pour les femmes, circulation du pouvoir, etc.), aboutissant bien à une négation de l'altérité et de la différence au nom du cosmopolitisme.

La réponse à ce risque peut-être d'abord une réponse empirique. Les communautés humaines coexistent déjà, et sont déjà soumises aux influences des unes sur les autres : le cosmopolitisme veut organiser cette coexistence. Mais par ailleurs, cette critique concernant le risque d'impérialisme vient d'une méprise fondamentale sur la nature du cosmopolitisme. Pour David Miller par exemple, la forme institutionnelle du cosmopolitisme doit être associée à un « impérialisme implicite »[1] parce qu'elle suppose un gouvernement centralisé. Si c'était le cas, Jocelyne Couture serait fondée à formuler ce type de question :

> Qu'y a-t-il de l'esprit du cosmopolitisme et du respect dû à chacun en vertu de l'égalité morale de tous à prétendre détenir la vérité en matière de justice et à affirmer à la face du monde ni plus ni moins que la supériorité de nos façons d'aborder les questions relatives à la justice ?[2]

On ne peut qu'être d'accord avec Jocelyne Couture : une telle représentation de l'institutionnalisme semble bien éloignée de l'idéal cosmopolitique. Mais est-ce vraiment ce que proposent les penseurs du cosmopolitisme institutionnel ? Il y a de ce point de vue un élément très important à rappeler, qui est défendu par Held et Archibugi et que nous avons essayé de

---

1. D. Miller, « Cosmopolitanism : a critique », *in* vol. 5, N°3, October 2002, p. 80.

2. J. Couture, « Qu'est-ce que le cosmopolitisme ? », dans *Le cosmopolitisme, Enjeux et débats contemporains*, R. Chung et G. Nootens (dir.), Montréal, Les presses de l'université de Montréal, 2010, p. 34.

souligner, c'est le rôle des différents niveaux d'institutions politiques. L'échelle locale comme l'échelle nationale ne sont pas niées, au contraire elles sont parties prenantes de l'ordre cosmopolitique. À ce titre, l'exemple de la diversité culturelle est frappant[1]. Alors que c'est une question traditionnellement considérée comme étant du strict ressort de la politique intérieure des États, dans la perspective de la démocratie cosmopolitique c'est l'architecture du système global qui doit permettre la sauvegarde et la promotion de la diversité. Le traitement réservé au patrimoine mondial par une institution comme l'UNESCO est une assez bonne exemplification de cette réalité-là : une institution globale s'appuyant sur des institutions locales pour défendre certains particularismes, parfois même contre les États sur le territoire de qui ce patrimoine se trouve.

C'est aussi l'axe de réponse emprunté par Ulrich Beck, qui consiste à présenter le cosmopolitisme comme une sorte de troisième voie entre l'universalisme et le relativisme. Le cosmopolitisme dont Beck dit qu'il est *réaliste* est celui qui se fonde sur la reconnaissance que les autres sont « différents *et* égaux »[2], c'est-à-dire que l'universalité des procédures politiques ou juridiques n'induit pas une négation de la diversité culturelle et morale[3].

---

1. Rappelons que la promotion de la diversité culturelle est un des cinq objectifs fondamentaux de la démocratie cosmopolitique évoqués par Daniele Archibugi (*cf.* table 4).

2. H. Beck, « Vivre avec le risque global », dans *L'humanité face aux risques globaux, op. cit.*, p. 118. C'est aussi le thème du « cosmopolite enraciné » développé par Kwame Appiah et que nous évoquions dans notre présentation de ce que nous avons appelé le « principe d'obligation » (*cf.* table 3).

3. *Ibid.*, p. 121.

TEXTES ET COMMENTAIRES

TEXTE 1

MARTHA NUSSBAUM
Faut-il choisir entre son pays ou le monde ? [1].

Dans le roman de Rabîndranâth Tagore, *La Maison et le Monde*, la jeune femme Bimala, séduite par la rhétorique patriotique de Sandip, l'ami de son mari, devient une adepte enthousiaste du mouvement *Swadeshi*, qui a organisé un boycott des produits étrangers. Le slogan du mouvement est *Bande Mataram*, « Vive la patrie ». Bimala se plaint que son mari Nikhil, un propriétaire indien cosmopolite, soit trop peu impliqué dans son dévouement à la cause :

> Pourtant mon mari n'était nullement opposé au Swadeshi et
> ne se refusait pas à supporter la Cause. Mais il n'avait pas pu

---

1. Ce texte est la première partie de l'article initialement publié dans la *Boston Review* (numéro de octobre-novembre 1994) sous le titre « Patriotism and Cosmopolitanism ». L'ensemble du numéro de cette revue (l'article de M. Nussbaum, les articles suivants qui le discutaient, ainsi qu'une « réponse » de Nussbaum) fut publié en 1996 sous le titre *For Love of Country* (Boston, Beacon press). Dans ce commentaire, nous nous référerons à la réédition de 2002. L'extrait que nous commentons est tiré des pages 3 à 6. Nous traduisons de l'américain.

accepter d'un cœur sans réserve tout l'esprit de *Bande Mataram*.

« Je suis prêt, disait-il, à servir mon pays, mais je réserve mes adorations pour le Droit qui est bien plus grand que mon pays. Adorer son pays comme un dieu, c'est le vouer au malheur. » [1]

Les Américains ont fréquemment soutenu le principe de *Bande Mataram*, donnant au fait d'être américain une importance particulière dans la délibération morale et politique, et à la fierté de posséder une identité et une citoyenneté américaines un pouvoir spécial sur les motivations de l'action politique. Je considère avec Tagore, et son personnage Nikhil, que cet accent mis sur la fierté patriotique est à la fois moralement dangereux et aboutit, finalement, à une subversion de certains des objectifs les plus dignes que le patriotisme essaye de servir – par exemple l'objectif de l'unité nationale autour des idéaux moraux de justice et d'égalité. Je veux montrer que ces objectifs seraient mieux servis par un idéal qui de toute façon est mieux adapté à la situation du monde contemporain, à savoir le très ancien idéal du cosmopolite, cette personne dont la première allégeance va à la communauté des êtres humains du monde entier.

Ma compréhension de ces questions est motivée [...] par le renouvellement des appels à la nation et à la fierté nationale, dans certains débats récents sur l'esprit américain et sur l'éducation américaine. Dans un éditorial aujourd'hui bien

---

1. R. Tagore, *La maison et le monde*, (trad. F. Roger-Cornaz), Paris, Payot, 2002 (1921), p. 22.

connu du *New York Times*[1], le philosophe Richard Rorty exhorte les Américains, et en particulier la gauche américaine, à ne pas dédaigner le patriotisme comme valeur, et même à accorder une importance centrale au « sentiment de fierté nationale » et à celui « d'une identité nationale partagée ». Rorty explique que nous ne pouvons pas nous critiquer efficacement sans nous »réjouir » de notre identité américaine et sans nous définir fondamentalement dans les termes de cette identité. Rorty semble considérer que la principale alternative à une politique fondée sur le patriotisme et l'identité nationale est ce qu'il appelle une « politique de la différence », basée sur des divisions internes entre les ethnies, les races, les religions, et les autres sous-groupes qui composent l'Amérique. Jamais il ne considère la possibilité d'une base plus internationale pour le sentiment et la vie politique.

Ce n'est pas un cas isolé. L'éditorial de Rorty fait écho et défend le récent appel lancé par Sheldon Hackney pour une « conversation nationale » afin de discuter de l'identité américaine[2]. En tant que participante aux premières phases de ce projet, j'ai été très consciente que, sous sa forme initiale, il risquait revenir à une forme de repli sur soi, limité les frontières de la nation, au lieu de considérer les liens d'obligation et d'engagement qui relie l'Amérique au reste du monde. Comme c'était le cas dans le texte de Rorty, le contraste

---

1. Éditorial du 13 février 1994 intitulé « The Unpatriotic Academy », disponible sur internet en anglais à l'adresse suivante :
http://www.nytimes.com/1994/02/13/opinion/the-unpatriotic-academy.html
[N.d.T.]

2. L'auteur fait ici référence à un discours prononcé par Sheldon Hackney au National Press Club en 1994. [N.d.T]

fondamental postulé par le projet distinguait une politique basée sur la différence ethnique, raciale et religieuse, et une politique basée sur une identité nationale commune. Ce que nous partageons en tant qu'êtres rationnels et mutuellement dépendants n'était tout simplement pas à l'ordre du jour.

On peut se demander, cependant, ce qui distingue vraiment la politique du nationalisme d'une «politique de la différence». *La maison et le monde* (plus connu, peut-être, par le film du même titre de Satyajit Ray[1]) est l'histoire tragique de la défaite d'un cosmopolitisme raisonnable et réglé par des principes, devant les forces du nationalisme et de l'ethnocentrisme. Je crois que Tagore voit juste quand il voit que le fond du nationalisme et du particularisme ethnocentrique ne sont pas étrangers l'un à l'autre, mais bien plutôt semblables. Cela va dans le sens de l'idée que les sentiments nationaux subvertissent même, en fin de compte, les valeurs qui tiennent ensemble une nation, parce que ils remplacent par une idole colorée les valeurs universelles fondamentales de justice et de droit. Une fois qu'on a dit, «Je suis Indien d'abord, citoyen du monde ensuite», une fois qu'on a fait ce déplacement moralement contestable de définition de soi par une caractéristique moralement non-pertinente, alors qu'est-ce qui nous empêchera en effet de dire, comme le personnage Tagore a trop rapidement appris à le dire : «Je suis un hindou d'abord, et un Indien ensuite» ou «Je suis un propriétaire d'une caste supérieure d'abord, et un hindou ensuite»? Seule la position cosmopolite du propriétaire Nikhil – si ennuyeux aux yeux de sa jeune épouse Bimala et de son ami passionnément

1. Film réalisé en 1984 à partir du roman de Rabindranath Tagore paru en 1916. [N.d.T.]

nationaliste Sandip – permet de transcender ces divisions, parce que seule cette position nous demande de donner notre première allégeance à ce qui est moralement bon – et, en temps que tel, étant bon, je peux l'exiger de chaque être humain. C'est en tout cas ce que je veux défendre.

Les partisans du nationalisme en politique et dans le domaine de l'éducation font souvent une mince concession au cosmopolitisme. Ils peuvent faire valoir, par exemple, que, bien que les nations devraient en général baser l'éducation et la délibération politique sur des valeurs nationales partagées, un engagement pour les droits de l'homme les plus fondamentaux devrait faire partie de tout système éducatif national, et que cet engagement devrait permettre dans un certain sens de souder les nations ensembles. Cela semble être un regard juste sur la réalité pratique ; et l'accent mis sur les droits de l'homme est certainement nécessaire pour un monde dans lequel les nations interagissent, espérons-le, selon la justice et le respect mutuel.

Mais est-ce suffisant ? Pour les élèves qui grandissent ici, suffit-il d'apprendre qu'ils sont avant tout des citoyens des États-Unis, mais qu'ils doivent aussi respecter les droits fondamentaux des citoyens de l'Inde, la Bolivie, le Nigeria et la Norvège ? Ne devraient-ils pas plutôt, comme je le pense, en plus de donner une attention particulière à l'histoire et à la situation actuelle de leur propre nation, apprendre beaucoup plus que ce qui est souvent le cas sur le reste du monde dans lequel ils vivent, sur l'Inde et la Bolivie et le Nigeria et la Norvège et leur histoire, les problèmes et les réussites comparatives ? Doivent-ils se contenter d'apprendre que les citoyens de l'Inde ont les mêmes droits humains fondamentaux, ou devraient-ils également en apprendre davantage sur les problèmes de la faim et la pollution en Inde, et les implications de ces problèmes pour les grands problèmes de la faim dans le

monde et l'écologie mondiale ? Plus important encore :
devrait-on leur apprendre qu'ils sont avant tout citoyens des
États-Unis, ou plutôt qu'ils sont avant tout des citoyens d'un
monde d'êtres humains, et que, alors qu'ils se trouvent situés
aux États-Unis, ils doivent partager ce monde des êtres
humains avec les citoyens d'autres pays ?

COMMENTAIRE

De quelle forme de patriotisme Martha Nussbaum parle-t-elle ?

Une référence littéraire court tout le long de l'article de Martha Nussbaum : l'ouvrage de Rabîndranâth Tagore *La maison et le monde*. Dans ce roman, l'auteur met en scène un homme porté par un idéal cosmopolite, marié à une femme tentée par la cause nationaliste qui agite l'Inde comme elle agite régulièrement de nombreux pays. Une des clés de l'article consiste à ne pas perdre de vue cette référence au livre de Tagore qui sert Nussbaum dans sa volonté de distinguer le patriotisme du cosmopolitisme – et plus exactement l'éducation habituelle (patriotique) de ce que pourrait être une éducation cosmopolitique.

En philosophie politique contemporaine, surtout chez les américains, le « nationalisme » ne désigne habituellement pas la même chose que dans notre langage ordinaire, le terme ne renvoie pas nécessairement à un sentiment passionnel et à courte vue – sentiment d'une nation toujours en péril, toujours à défendre contre l'extérieur. Par exemple ceux qu'on appelle

aujourd'hui les « nationalistes libéraux »[1] sont ceux qui
entendent défendre la nation pour des raisons techniques ou
pour ses vertus strictement politiques et non pour des causes
passionnelles[2].

Chez Martha Nussbaum précisément, le « patriotisme »
dont il est question se trouve associé à deux choses : d'une part
le sentiment d'appartenir à une patrie ; d'autre part, et toujours
en même temps, la fierté ressentie de cette appartenance qui
perturbe la délibération politique. Ce qu'elle vise en parlant de
patriotisme, c'est donc toujours en même temps le nationalisme, ou, comme elle le dit elle-même un peu plus loin, le
chauvinisme (c'est-à-dire un rapport passionné à sa propre
appartenance, appartenance vécue comme ayant une valeur
supérieure aux autres). Si l'on veut être plus précis, il faut
souligner le fait que Martha Nussbaum présente elle-même
son article comme une réponse à un éditorial écrit en faveur du
patriotisme par le philosophe américain Richard Rorty paru
dans le *New York Times* du 13 février 1994. Ce petit texte de
Rorty est construit autour de quatre idées principales :

1) *La fierté nationale est partagée par la plupart des
américains.* Sûrement l'idée de patriotisme n'évoque-t-elle

---

1. La formule est de Yaël Tamir, in *Liberal Nationalism*, Princeton,
Princeton University Press, 1992. Elle est aujourd'hui passée dans la langue
philosophique commune. *Cf.* la partie sur le cosmopolitisme politique dans la
première partie de cet ouvrage.

2. Ils se fondent notamment sur l'argument selon lequel il *faut* une
communauté proche et à laquelle on puisse s'identifier pour pouvoir obtenir
une motivation politique suffisante de la part des citoyens et pour accéder aux
idéaux du libéralisme politique (autonomie et droits des individus, justice
sociale, accès à la démocratie, etc.).

pas la même chose pour un européen et pour un américain. La référence à l'idée de nation ou de « fierté nationale » résonne peut-être de ce côté-ci de l'Atlantique (principalement pour des raisons historiques)[1], avec des accents dont le lecteur aura tendance à se méfier. J'essayerai de montrer dans la suite de ce paragraphe que cette différence culturelle dans la référence à l'idée de fierté nationale n'est pas anodine.

2) L'université américaine, majoritairement à gauche, présente une poche de résistance à cette fierté nationale et promeut une « politique de la différence ». Cette vision politique s'apparente selon lui au multiculturalisme, c'est-à-dire à l'idée que les cultures différentes devraient jouir d'une même reconnaissance au sein des États. Ceux-ci devraient respecter également ces cultures différentes sans chercher à leur imposer une identité qui n'est pas la leur.

3) « *Il n'y a pas d'incompatibilité entre le respect des différences culturelles et le patriotisme américain* ». Ce point est la réponse de Rorty à la position multiculturaliste décrite au point précédent, et c'est celui que Nussbaum discutera le plus fermement dans son article. Il revient à dire que la reconnaissance de la différence ne passe pas nécessairement

1. On pourrait dire que dans un cas l'histoire récente des peuples européens a eu à subir les effets dévastateurs du patriotisme nationaliste (c'est par exemple la position de Jürgen Habermas pour qui l'idée de nation a, en Europe au moins, perdu sa pertinence politique – cf. *Après l'État-nation*), alors que dans le cas des États-Unis la référence à l'idée de nation a eu comme principal effet, dans l'histoire récente, de souder un peuple autour d'une idée commune. Cette vision-là est explicitement constructiviste, au sens où elle considère que la nation n'est pas donnée mais construite par des références politiques communes.

par cette «politique de la différence». En effet, contre le multiculturalisme d'une certaine gauche universitaire américaine, Rorty entend rappeler les vertus du pluralisme traditionnel du républicanisme – des cultures différentes sont reconnues au sein d'une identité supérieure : l'identité américaine.

4) Le sentiment d'appartenance patriotique n'exclut pas le regard critique sur son propre pays, il en est même une condition fondamentale. Il montre ainsi que, par exemple, nous ne pouvons ressentir de la honte pour l'action de notre pays que si nous avons le sentiment que c'est effectivement notre pays. Le point de départ, même pour l'exercice d'une citoyenneté critique, est donc toujours le sentiment d'appartenance à la nation.

Ainsi la position de Rorty est *patriote* au sens où c'est selon lui l'appartenance nationale qui constitue l'appartenance la plus pertinente sur le plan politique – et non l'appartenance culturelle, religieuse, le genre, la communauté d'intérêts, etc. Plus encore, c'est au sein de cette appartenance nationale que les appartenances particulières peuvent être effectivement reconnues, et c'est à partir de ce sentiment d'appartenance que la critique même de la nation peut se construire.

Sans même entrer dans le détail de la discussion de ces thèses, ce que nous ferons avec Martha Nussbaum, on peut considérer que ce sentiment d'appartenance à la nation doit lui-même être interrogé. En quoi consiste-t-il exactement ? Le problème vient de ce que Rorty effectue sans arrêt un passage de l'idée apparemment neutre de « sentiment d'appartenance » à celle beaucoup plus engagée de « fierté d'appartenir » – ou comme il le dit de « l'idée d'une identité nationale » à « l'émotion de la fierté nationale »[1]. Ce n'est pourtant pas une nuance anodine. En effet, si le sentiment d'appartenir à un pays peut être considéré comme étant décisif pour un citoyen, si même on peut concevoir la nécessité politique d'une « identité nationale partagée », la *fierté* d'appartenir à ce pays renvoie à un tout autre registre – celui du nationalisme. Autrement dit la fierté nationale n'est pas une nécessité politique du même ordre que le sentiment d'appartenance, et ce qui peut être vrai pour l'un des termes ne l'est pas forcément pour l'autre[2]. C'est par exemple le cas de ce que nous avons appelé la quatrième thèse de Rorty : le sentiment d'appartenance peut être une condition fondamentale pour porter un regard critique

1. Le texte commence par exemple sur ces mots : « La plupart d'entre nous […] continue à s'identifier à notre pays. Nous tirons une certaine fierté du fait d'être citoyens d'une [telle] démocratie. » (Nous traduisons)

2. Il reste encore à savoir si l'on peut avoir l'un sans avoir l'autre, c'est-à-dire si l'on peut se sentir américain sans être fier de cette identité. Certainement y a-t-il là, précisément dans le cas des États-Unis, quelque chose comme un complexe de la super-puissance dont on ne peut se sentir membre sans en retirer une certaine fierté – cela expliquerait peut-être que ni Rorty, ni Nussbaum, pourtant en désaccord sur le fond, ne prennent soin d'établir cette distinction entre sentiment national et fierté nationale. Pour autant, le sentiment d'appartenance n'induit évidemment pas la fierté d'appartenir, et il suffit de changer la référence pour clarifier cette distinction. En effet, ne peut-on pas avoir le sentiment d'être français, ou ivoirien, ou allemand (après la seconde guerre mondiale notamment), ou encore catholique, ou fan d'une série américaine sans en être à proprement parler *fier* pour autant ? Ne peut-on pas avoir le sentiment d'appartenir à la communauté des utilisateurs de Facebook sans en être fier pour autant ?

sur son propre pays [1], mais ce n'est certainement pas le cas de la *fierté* nationale qui tendrait plutôt à entretenir un regard biaisé par la passion.

Ce que l'on comprend du patriotisme dont il est question ici, c'est donc que, sous la plume de Rorty comme sous celle de Nussbaum, la patrie se distingue moins de la *nation* (le premier terme renvoyant par exemple à un territoire ou à une histoire, le second à une communauté d'hommes), qu'elle ne désigne un échelon dans l'organisation politique. C'est pour cette raison que dans le texte de Martha Nussbaum le passage du terme de « patriotisme » (finalement employé quasi-uniquement dans le titre de l'article) à celui de « nationalisme » (dans le corps du texte) ne doit pas être interprété en tant que tel comme une critique morale du patriotisme qui risquerait de dévier vers ce que nous appelons habituellement le nationalisme. Même si cet angle moral apparaît effectivement dans l'article que nous commentons (par le biais notamment de ce à quoi renvoie l'idéologie du slogan indien nationaliste *Bande Mataram* – idéologie de la nation à défendre contre ce qui lui est extérieur), ce n'est pas à proprement parler le terme de « nationalisme » qui le suggère. Il faut plutôt considérer que pour ces auteurs, sur le plan de l'organisation ou de la délibération politique, « nationalisme » et « patriotisme » désignent finalement la même chose : le fait de privilégier l'échelon national dans la délibération politique.

---

1. Encore cette thèse-là mériterait-elle à son tour discussion, ne serait-ce que pour montrer qu'un regard extérieur au pays peut être critique et permettre lui aussi au pays de s'améliorer – « amélioration » au regard des normes démocratiques par exemple.

La critique cosmopolitique du patriotisme.

DÉPASSER L'ÉCHELON NATIONAL. – Si c'est cet échelon que le patriotisme de Richard Rorty considère comme référence ultime sur le plan politique, Martha Nussbaum cherche littéralement à le dépasser dans sa critique. Certaines critiques du patriotisme ou du nationalisme peuvent se faire *par le bas* en montrant que des appartenances particulières ou locales sont plus pertinentes que l'appartenance nationale pour expliquer et comprendre les choix d'un individu. La critique cosmopolite de Martha Nussbaum, elle, se fait en quelque sorte *par le haut*, elle revient en effet à dire : la référence à la communauté des hommes (communauté plus large que la communauté nationale) est elle aussi pertinente dans la délibération politique.

Si l'on veut rapporter la position de Rorty aux termes des débats contemporains qui opposent les défenseurs des droits individuels aux défenseurs de la démocratie civique [1], Rorty est donc du côté des seconds. Il s'agit pour lui de réaffirmer la possibilité d'un rapport à la nation qui, tout en tenant compte des particularismes, affirme la supériorité politique de l'appartenance nationale : la diversité est reconnue, mais elle l'est au sein d'une entité supérieure. Qu'en dit Nussbaum ? Si on peut à mon sens parler d'une critique « par le haut » du patriotisme chez Nussbaum, c'est parce qu'elle dit que cette entité n'est

---

1. C'est-à-dire le débat qui oppose ceux qui pensent qu'il faut affirmer les droits des individus et des minorités contre la volonté assimilationniste de l'État d'une part, et ceux qui pensent que c'est la communauté dont il faut réaffirmer l'importance face aux risques de désagrégation causés par la multiplication des revendications minoritaires d'autre part.

pas la plus élevée au sein de laquelle l'individu est appelé à se projeter, qu'elle peut être dépassée par un appartenance encore supérieure. Cette critique montre que le patriotisme ne tient pas compte de la manière dont la réalité extérieure au pays influe ou devrait influer sur les choix politiques et éthiques des individus. Martha Nussbaum n'adopte donc pas une posture multiculturaliste qui affirmerait le droit à la reconnaissance de chaque minorité à l'intérieur d'une nation ou bien qui s'interrogerait sur la force et l'importance de nos différentes appartenances dans nos décisions politiques ; elle choisit plutôt une perspective de surplomb qui interroge le rapport du patriote au reste du monde et l'importance de cette projection au-delà des frontières nationales dans la vie politique nationale. De fait cette position de surplomb aboutit à une critique de l'idée de patriotisme que l'on peut résumer en deux axes majeurs qui soulignent une double faiblesse politique du patriotisme [1].

---

1. La critique morale du patriotisme que nous avons déjà évoquée plus haut et qui consiste à pointer les risques de dégénérescence du patriotisme dans le nationalisme, est implicite chez Nussbaum – elle l'évoque explicitement une fois seulement. Elle se déduit en revanche très clairement de la référence récurrente au livre de Tagore qui se construit autour de cette problématique. Ce caractère implicite signifie-t-il que patriotisme et nationalisme soient pour elle synonymes, ou bien entend-t-elle montrer par là que le premier risque toujours dégénérer dans le second ? Certainement y a-t-il pour elle, dans le patriotisme, quelque chose qui tend naturellement au nationalisme du type du *Swadeshi* (ce mouvement nationaliste indien dont parle Tagore dans son roman), mais le reste de l'article montre que ce qui est rejeté avant tout c'est l'idée que la frontière puisse avoir une pertinence sur le plan moral – je n'ai pas moins de devoirs vis-à-vis des individus qui me sont éloignés que vis-à-vis de ceux qui me sont proches : tous ont la même dignité.

Double faiblesse politique du patriotisme. – Premièrement, le patriotisme ne résout qu'en façade la question de l'articulation des différentes appartenances individuelles. Chez Rorty par exemple, il s'agit de dire que tel individu peut certes se sentir appartenir à telle communauté ou telle culture, mais que son appartenance nationale prime les autres. Or, sur ce point précis, Nussbaum montre qu'il n'y a aucune raison de favoriser cet échelon national plutôt qu'un autre échelon. Imaginons qu'à quelqu'un qui affirme sa citoyenneté mondiale, un autre réponde « moi, je suis français avant d'être citoyen du monde ». On pourrait légitimer le propos de ce second individu en disant qu'il faut bien qu'il y ait des États pour organiser la vie en commun, on pourrait encore le faire au nom de l'histoire qui a permis aux États de se construire tels qu'ils sont aujourd'hui. Mais au nom de quoi empêcher alors qu'un troisième individu arrive et affirme « moi, je suis corse avant d'être citoyen français » – et au nom de quoi empêcher qu'un quatrième arrive et affirme à son tour : « moi, je suis du village de Lumio avant d'être corse » remontant ainsi à l'infini ? Pourquoi une appartenance locale (la famille, le village, la région) devrait-elle s'effacer devant une autre, et pourquoi telle autre appartenance (l'appartenance nationale) ne le devrait-elle pas ? Du point de vue cosmopolite, il y a en somme un paradoxe du patriotisme qui consiste en ce qu'il prétend dépasser les particularismes locaux au nom de ce qui n'est finalement qu'un autre particularisme – l'appartenance nationale.

Deuxièmement, le patriotisme est peu efficace pour servir les valeurs qu'il entend promouvoir et peut même être en contradiction avec elles. Les normes morales qui ont émergées et se sont imposées à la plupart des États démocratiques sont en effet paradoxalement à la fois défendues officiellement par les

États et contredites dans la pratique éducative ou politique de
ces derniers. C'est par exemple le cas des droits de l'homme
qui sont à la fois mis en avant dans les textes, et contredits dans
la manière de privilégier telle appartenance nationale ou telle
autre [1].

Si le cosmopolitisme de Nussbaum doit se comprendre
avant tout comme exigence morale, il obéit donc aussi à une
forme de pragmatisme : le cosmopolitisme est le meilleur
moyen de mettre en cohérence nos exigences morales offi-
cielles avec nos pratiques politiques et éducatives. Il est ainsi
plus cohérent de construire par exemple des programmes
scolaires dans lesquels la différence de l'autre est expliquée
et travaillée pour que les élèves de tel pays (les États-Unis
en l'occurrence) éprouvent concrètement ce qu'ils ont en
commun avec les autres être humains, plutôt que d'apprendre
cette « communauté » de manière théorique. Pragmatisme
encore dans la mesure ou le cosmopolitisme est plus efficace
pour se connaitre et se comprendre – la connaissance des
autres cultures et des autres traditions étant une condition
à la connaissance et à la compréhension de ses propres
particularismes [2].

1. C'est le sens des dernières questions posées dans le texte que nous
commentons. Par exemple celle-ci : « [Les élèves] doivent-ils se contenter
d'apprendre que les citoyens de l'Inde ont les mêmes droits humains fondamentaux, ou devraient-ils également en apprendre davantage sur les problèmes de la
faim et la pollution en Inde, et les implications de ces problèmes pour les grands
problèmes de la faim dans le monde et l'écologie mondiale ? » (*For Love of
Country*, p. 6).

2. C'est en ce sens que la critique du philosophe Charles Taylor (*For Love
of Country*, p. 120 et suiv.) se trompe à mon avis. Elle part d'une compréhension
selon moi biaisée du propos de Nussbaum pour réaffirmer la nécessité du
patriotisme. Pour lui, le texte de Nussbaum a l'air de dire que l'identité

L'affirmation d'un cosmopolitisme moral qui prend la forme d'un égalitarisme et les questions que cela pose.

LA POSITION INITIALE DE MARTHA NUSSBAUM. – Le projet de Nussbaum est donc le suivant : encourager à éduquer notre regard en le faisant partir d'une conscience d'appartenir à un monde commun et à une même humanité. On retrouve ici l'intuition stoïcienne selon laquelle le sage doit parvenir à se projeter au sein de l'ensemble des êtres rationnels pour penser ce que doit être une action juste dans ses appartenances locales. Cette projection de soi hors de soi n'est d'ailleurs pas l'apanage du stoïcisme ou des sages stoïciens et Nussbaum, notamment dans la dernière partie de l'ouvrage collectif *For Love of Country*[1], essaye de montrer son extrême faisabilité dans des situations concrètes ou, comme c'est le cas dans cet article-ci, dans les programmes scolaires.

En quoi consiste précisément ce cosmopolitisme moral[2] ? C'est une mise en perspective de nos délibérations qui prend

---

cosmopolite devrait être une « alternative » (p. 120) au patriotisme. Or en toute rigueur ce n'est pas ce qu'elle prétend être. L'identité cosmopolite se situe plutôt sur un autre plan (moral) et doit permettre un rapport plus juste à la patrie en plaçant celle-ci comme sous le regard des idéaux de Justice et de Raison.

1. M. Nussbaum, *For Love of Country*, p. 131 *sq.* Martha Nussbuam commence par évoquer le cas des justes pendant la seconde guerre mondiale. Ceux-ci sont en effet ceux qui ont vu l'humanité de l'autre malgré les injonctions sociales et les discours politiques soulignant sa (prétendue) différence.

2. Si le cosmopolitisme de Nussbaum est essentiellement moral, il convient de rappeler que le cosmopolitisme des stoïciens ne saurait être ainsi qualifié de strictement « moral ». D'une part l'appartenance à la Cité Universelle conditionne la vie *politique* du sage stoïcien, et d'autre part cette appartenance n'est pas à proprement parler morale pour le sage (elle n'est pas l'image d'une appartenance à l'humanité), mais bien effective – la Cité Universelle étant la cité réelle, les cités particulières n'étant qu'accidentelles.

toujours comme principe la proposition suivante (véritable socle du cosmopolitisme de Nussbaum) : « nous devons reconnaitre, quel qu'en soit le coût personnel ou social, que chaque être humain est humain et vaut la même chose que n'importe quel autre sur le plan moral »[1]. Cela entraine une remise en question radicale de la place de nos appartenances locales dont l'importance se trouve évidemment considérablement réduite. Au regard de ce principe éthique en effet, toute appartenance particulière est toujours accidentelle – au sens où le fait d'être français, américain ou nigérian n'est qu'un *accident* (il aurait pu en être autrement). Martha Nussbaum est ainsi la tenante de ce qu'on pourrait appeler un cosmopolitisme moral au sens strict où il affirme l'égale dignité des personnes indépendamment de leurs appartenances nationales ou de leurs origines, et réfléchit aux conséquences impliquées par cette affirmation. C'est-à-dire que, reprenant les traditions cynique et stoïcienne à son compte, elle associe la posture cosmopolite à une forme d'exil à l'intérieur de sa propre appartenance locale. Elle écrit ainsi :

> Nous devrions considérer nos délibérations, en premier lieu et avant tout, comme des délibérations sur des problèmes humains de personnes dans des situations concrètes particulières, et non comme des problèmes provenant d'une identité nationale qui serait tout à fait différente de celle des autres. [...] Nous devons reconnaître l'humanité partout où elle se trouve, et donner à ses composants fondamentaux – la raison et la capacité morale – notre première allégeance et notre respect[2].

1. M. Nussbaum, *For Love of Country*, p. 133. (Nous traduisons)
2. M. Nussbaum, *For Love of Country*, p. 7. (Nous traduisons)

Cet extrait présente une double caractéristique : 1) d'abord Nussbaum fait du cosmopolitisme une affaire d'*individu* – ce sont seulement les droits et les devoirs de la personne en tant que personne humaine qui vont compter, son appartenance nationale ne venant qu'en second (c'est un point sur lequel elle retrouve tout à fait les perspectives ouvertes par Charles Beitz[1]) ; et 2) conséquence de cela, nous pouvons parler d'égalitarisme puisque nos obligations ne sont plus héritées de nos appartenances locales mais de notre humanité – humanité devant laquelle nous sommes tous égaux. Cet égalitarisme a donné lieu a un débat auquel prirent part notamment David Miller, Thomas Pogge, et finalement Martha Nussbaum elle-même puisqu'elle est revenue récemment sur les positions qu'elle défendait dans ce texte de 1994 pour les clarifier, et parfois même les infléchir.

LA CRITIQUE DE DAVID MILLER. – C'est l'idée d'un tel égalitarisme que critique David Miller[2]. Il distingue un

---

1. *Cf.* C. Beitz, « Cosmopolitan Ideals and National Sentiment », *Journal of Philosophy*, 80/10, 1983, p. 591-600 ; « International relations, Philosophy of », in *Routledge Encyclopedia of Philosophy* (en ligne) ; et *Political Theory and International Relations*, Princeton, Princeton University Press, 1999. Dans son article de l'encyclopédie Routledge, nous lisons par exemple au paragraphe intitulé « Cosmopolitan morality » un passage auquel Nussbaum pourrait parfaitement souscrire : « Le Cosmopolitisme s'oppose à l'idée que les frontières entre États, les nations ou les sociétés ont une pertinence sur le plan moral. Cela signifie que chaque personne est équivalente sur le plan moral […], et que la proximité géographique ou une appartenance partagée à une communauté donnée ne sont pas en elles-mêmes source de privilèges moraux. » (Nous traduisons)

2. *Cf.* D. Miller, « Cosmopolitanism : a critique », *in* vol. 5, N°3, October 2002, p. 80 – 85. Miller ne cite que Beitz dans son article, mais la référence qu'il

cosmopolitisme *faible* d'un cosmopolitisme *fort* pour dire que le cosmopolitisme considéré comme doctrine éthique a le choix entre la platitude du cosmopolitisme faible, et l'erreur du cosmopolitisme fort – le cosmopolitisme moral serait donc une impasse, et, s'il a une efficacité rhétorique, il est en réalité intenable. Qu'est-ce à dire? Le cosmopolitisme faible, c'est celui qui affirme que tous les êtres humains ont une égale dignité. Comme le dit Miller, presque tout le monde accepte cette idée excepté quelques «racistes et autres bigots»[1], c'est donc une affirmation qui n'apporte pas grand-chose. Sous sa forme plus radicale (le cosmopolitisme «fort»), le cosmopolitisme affirmerait que nous avons les mêmes devoirs vis-à-vis de tous les êtres humains sans exception[2]. Miller essaye de montrer d'une part que cela est faux, et d'autre part que le passage de l'égale dignité des personnes à la nécessité de les traiter également (dans le sens où nous aurions donc les mêmes devoirs vis-à-vis de tous) est illégitime. Pour le montrer, il imagine l'exemple de l'enfant perdu[3] : si c'est mon fils qui est égaré, j'ai davantage le devoir de partir à sa recherche que si c'est le fils de mon voisin; et si c'est le fils de mon voisin, j'ai davantage le devoir de partir à sa recherche que si c'est le fils

---

fait au cosmopolitisme considéré comme doctrine éthique est tout à fait dans la ligne du cosmopolitisme de Martha Nussbaum.

1. *Ibid.*, p. 84.

2. Ce cosmopolitisme «fort» supposerait selon lui la création d'un gouvernement mondial et s'apparenterait alors à une nouvelle forme d'impérialisme, écrasant les différences culturelles. Sur ce point précis, on peut considérer que l'idée d'une démocratie cosmopolitique telle que nous l'avons présentée dans la première partie de cet ouvrage est une réponse à cette critique. Le cosmopolitisme politique n'aboutit pas à un État mondial.

3. *Ibid.*, p. 82.

d'un parfait inconnu[1]. On voit bien ici que même si dans tous les cas, je considère que la disparition d'un enfant est triste cela n'induit pas une même responsabilité.

Il interroge ensuite le caractère prétendument universel que le cosmopolitisme moral (tel celui de Martha Nussbaum) donne aux devoirs qu'auraient les citoyens en tant qu'êtres humains.

> Supposons maintenant que je sois un membre de la communauté A et que j'observe la communauté B. Supposons que je m'aperçoive qu'ils manquent de certains biens dont, moi, je peux jouir – ils sont plus pauvres par exemple, ou ils ont moins de biens environnementaux que les membres de ma communauté. Est-ce que cela me donne des raisons suffisantes pour les aider? Non si les différences que j'observe sont le résultat de décisions politiques qui ont été prises et poursuivies depuis longtemps. Bien sûr je présente un tableau simplifié ici, mais ce que j'essaye d'illustrer c'est la façon dont l'organisation politique joue un rôle sur les responsabilités morales[2].

Cela ne signifie pas que David Miller refuse l'idée de devoirs globaux, mais il veut montrer que les situations où tous

---

1. C'est une idée que décline aussi Jocelyne Couture et Kai Nielsen, en partant de l'exemple des liens de parenté : « Un parent, par exemple, doit aider son enfant dans ses travaux scolaires, mais il serait bien implausible de prétendre qu'il a le devoir d'aider aussi tous les enfants du monde. Une personne a des obligations à l'endroit d'un ami qui sont différentes de celles qu'elle a à l'endroit d'un parfait étranger. Nous avons des obligations envers nos collègues que nous n'avons pas à l'endroit de ceux qui ne le sont pas. » (« Cosmopolitisme et particularisme », *Philosophiques*, vol. 34, n°1, 2007, page 5).

2. D. Miller, « Cosmopolitanism : a critique », *op. cit.*, p. 83. (Nous traduisons)

les hommes ont la même responsabilité sont très rares, si elles existent.

PEUT-ON RÉPONDRE À MILLER ? – A mon sens cette critique de Miller est pertinente en ce qu'elle détache efficacement l'idée de dignité de toute personne humaine de l'idée de devoir à l'égard des êtres humains – une égale dignité des personnes n'induit pas nécessairement une même responsabilité. Cette critique oblige en outre à approfondir les énoncés cardinaux du cosmopolitisme moral dont Miller montre à juste raison la possible platitude argumentative – tout le monde ou presque admettant l'égale dignité des personnes, le cosmopolitisme doit se faire plus précis. Mais cette critique procède d'une compréhension sur certains points caricaturale du cosmo-politisme entendu comme doctrine éthique, et selon moi Nussbaum prévient en grande partie cette critique. Concernant le premier point, il s'agit pour elle d'affirmer une égale dignité des personnes et non une égale responsabilité à l'égard de tous (ce qu'elle établit en prenant d'ailleurs elle-même l'exemple des enfants et des liens de parenté[1]). Le cosmopolitisme de

---

1. M. Nussbaum, *For Love of Country*, p. 13 : « [Ma thèse] ne signifie pas qu'on ne peut pas privilégier sa propre sphère de préoccupations. La politique, comme le soin des enfants, sera mal faite si chacun se pense comme responsable de tous, plutôt que de donner à ses proches une attention et des soins spéciaux. On peut justifier le fait de donner à sa propre sphère des soins spéciaux en termes universalistes, et je pense que c'est la justification la plus convaincante. Pour prendre un exemple, nous ne pensons pas vraiment que nos propres enfants sont moralement plus important que les enfants des autres, même si la quasi-totalité des parents donnerait évidemment à ses propres enfants beaucoup plus d'amour et de soins que ce que nous donnons aux enfants des autres. Il est bon pour les enfants, dans l'ensemble, que les choses fonctionnent ainsi, et c'est pourquoi cette attention spéciale est bonne et non égoïste. L'éducation peut et

Nussbaum correspond-t-il alors à ce qu'il appelle un cosmopolitisme « faible » puisqu'il affirme cette égale dignité des êtres humains tout en se distinguant du cosmopolitisme « fort » (qui a pour Miller des implications politiques que n'envisage pas Nussbaum)? Sur ce deuxième point, on peut répondre que Nussbaum, précisément, ne fait pas qu'affirmer l'égale dignité des personnes, elle entend réfléchir à la manière dont cette affirmation pourrait être rendue effective dans la délibération politique – autrement dit comment elle pourrait être traduite dans les faits et comment nous pouvons et devons en tirer les conséquences politiques [1].

Quant au fond de la critique de Miller (le cosmopolitisme est-il une position tenable?), c'est certainement Thomas Pogge [2] qui propose la réponse la plus pertinente et la plus claire. Après avoir reconnu la validité de la thèse de David Miller sur la distinction nécessaire entre la dignité égale et la responsabilité égale (ou les devoirs égaux), il privilégie une troisième voie entre le cosmopolitisme faible et le cosmo-politisme fort. Il montre d'une part que nos devoirs négatifs sont les mêmes pour tous (il écrit par exemple : « vous n'avez pas plus de raison de ne pas tuer un compatriote que de ne pas

doit tenir compte de ces préoccupations particulières – passer plus de temps, par exemple, dans un pays donné, sur l'histoire et la politique de *cette* nation » (nous traduisons).

1. *Ibid.*, p 13-14 : « Mon argument consiste à dire que nous ne devrions pas limiter notre réflexion à notre propre sphère – que dans nos choix en matière politique et économique, nous devrions considérer plus sérieusement le droit des autres êtres humains à la vie, la liberté et à la poursuite du bonheur, et travailler à acquérir les connaissances qui nous permettront de délibérer ainsi sur ces droits ». (Nous traduisons)

2. Th. Pogge, « Cosmopolitanism : a defence », *in* vol. 5, N°3, October 2002, p. 86-91.

tuer un étranger »[1]) – cela revient donc à dire que « *le compatriotisme ne fait aucune différence pour nos principaux devoirs négatifs* »[2]. D'autre part, la réponse de Pogge (qui se veut explicitement une *défense* du cosmopolitisme et une réponse à Miller) se déploie en montrant que l'existence de différents niveaux de responsabilité à l'intérieur d'une communauté politique n'interdit pas de penser la cohérence et la viabilité de cette communauté (les citoyens d'un État par exemple, continuent à avoir plus de responsabilités à l'égard de leurs enfants qu'à l'égard d'inconnus). Pourquoi dire cela ? Pour montrer que cette hiérarchie des responsabilités n'induit pas forcément une impossibilité de penser la citoyenneté à l'intérieur d'un État, et donc pas non plus l'impossibilité de penser la citoyenneté mondiale – autrement dit, le fait que je me sente moins responsable d'un étranger que d'un compatriote ne signifie pas que je ne puisse être citoyen du monde. Pour Pogge donc, Miller a eu raison de montrer l'erreur qu'il y avait à penser une égalité des responsabilités, mais il a eu tort d'en conclure l'impossibilité d'un cosmopolitisme moral.

Nussbaum critique de Nussbaum ?

Il se trouve qu'en 2008, Martha Nussbaum a publié un article[3] dans lequel elle revient sur ces thèses du cosmopolitisme moral et sur sa vision du patriotisme. Elle y adopte une position moins directement critique à l'égard du

---

1. *Ibid.*, p. 87. (Nous traduisons)
2. *Ibid.* (Nous traduisons)
3. *Cf.* « Toward a Globally Sensitive Patriotism », in *Daedalus*, Summer 2008, Vol. 137, No. 3, pp 78-93. Tout particulièrement, les pages 79 et 80 reviennent explicitement sur le texte de 1994.

nationalisme. Alors qu'en 1994, comme nous l'avons vu, elle mettait l'accent sur le fait que l'attachement national pouvait empêcher une délibération politique *juste* au regard des normes rationnelles, elle souligne en 2008 le fait que l'attachement national (dans le cas où l'État prendrait une forme libérale et démocratique) peut être un bien pour le citoyen, et pour cette raison la souveraineté et l'autonomie nationale doivent être défendues au sein d'un éventuel ordre politique global. Si l'on peut souligner cette évolution, il me semble cependant important de montrer que les deux positions ne sont pas contradictoires. En effet on peut soutenir la première thèse (comment ne pas mettre en garde contre les effets néfastes du nationalisme?) et la seconde *en même temps* (comment nier la nécessité d'une appartenance locale?) – l'articulation de ces deux thèses est notamment le projet du cosmopolitisme institutionnel qui reconnaît la pertinence de l'échelon national tout en l'articulant à d'autres échelons de décisions politiques (local, régional, international et mondial), chacun ayant son importance propre et recouvrant des compétences particulières[1].

Concernant plus explicitement son cosmopolitisme moral, elle prend soin de préciser deux choses. Premièrement, elle ne pense plus que cette vision du cosmopolitisme soit susceptible d'obtenir un large consensus au sein de la population et donc qu'elle puisse servir de fondement à des principes politiques (c'est en quelque sorte son propre projet d'éducation cosmopolite qui lui semble être devenu irréalisable). Deuxièmement et plus profondément, elle dit ne pas adhérer

1. *Cf.* Notre partie sur le cosmopolitisme institutionnel dans la première partie de cet ouvrage.

au cosmopolitisme moral *dans sa forme stricte* à cause du trop grand déracinement qu'il suppose – un détachement du monde qu'elle associe avec raison aux stoïciens (à Marc-Aurèle en particulier) et qui lui semble trop cher payé sur le plan de la psychologie humaine.

Il me semble que ces deux points ne remettent pas fondamentalement en cause sa propre conception du cosmopolitisme. En effet ces deux points étaient déjà traités dans les textes antérieurs et notamment dans le texte de 1994 (quelques extraits que nous en avons déjà donné ont pu le montrer). Certes nous pouvons remarquer que la question du rapport à l'appartenance locale est toujours le point central du cosmopolitisme moral. Cependant le fait de dire que les caractéristiques accidentelles des individus (nationalité, religion, milieu social, race, genre, etc.) ne sont pas pertinentes sur le plan moral n'aboutit pas nécessairement à un « déracinement » psychologique : on peut conserver un attachement local, des appartenances particulières sur le plan empirique, on peut même reconnaître l'importance de ces appartenances accidentelles pour la bonne constitution psychologique d'un individu, tout en reconnaissant que la morale doit fonder ses exigences sur le plan transcendantal, c'est-à-dire sur le plan de l'humanité de la personne et non sur ses particularités propres. C'est l'articulation de ces deux sphères de préoccupations (la sphère existentielle et la sphère morale) qui doit permettre de résoudre le problème que Martha Nussbaum pointe du doigt dans son texte de 2008. Comment les articuler ? Nussbaum elle-même, dans un texte antérieur à celui de 2008, proposait une articulation de bon sens qui ne niait ni l'attachement proche, ni l'humanité commune.

Si j'essaie d'aider un peu tous les enfants du monde, plutôt que de consacrer une immense quantité d'amour et de soins à Rachel Nussbaum, je ne serai pas du tout une bonne mère [...]. Mais cela ne devrait pas signifier que nous croyons que notre propre pays ou notre propre famille vaut vraiment plus que les enfants ou les familles des autres personnes, tous sont toujours aussi humain, d'égale valeur morale. [1]

Une fois dit cela, il reste en suspend la question de la viabilité du cosmopolitisme moral : puis-je effectivement toujours agir en gardant à l'esprit l'humanité et l'égale dignité de tous les autres êtres humains ? Dans le même texte elle posait cette question en ces termes : « Puis-je payer à ma fille une école très chère alors que des enfants meurent de faim partout dans le monde et que des organismes de secours efficaces existent ? » [2]. Martha Nussbaum répond aussi clairement que possible : « Le cosmopolitisme ne requiert en aucun cas que nous portions une attention égale à toutes les parties du monde » [3], de fait cela est bien entendu impossible. Une vie humaine qui ne cesserait de se poser ce genre de question ne serait tout simplement pas une vie humaine parce que cela supposerait un véritable détachement du prochain au profit du

---

1. M. Nussbaum, *For Love of Country*, p. 136 (nous traduisons). On retrouve ici le thème de la « depolarisation », terme employé par Richard Falk qui explique fort justement que l'opposition entre patriotisme et cosmopolitisme n'est peut-être pas aussi « polarisée » qu'elle peut sembler l'être au premier abord (*cf.* R. Falk, « Revisioning cosmopolitanism », *For Love of Country*, p. 53-60). Nous pourrions ajouter que cette polarisation mérite peut-être d'être interrogée plus encore dans le cas où le patriotisme en question renvoie à une nation qui porte en elle-même la promotion de valeurs universelles (comme ça peut-être le cas des Etats-Unis ou de la France).

2. *Ibid.*

3. *Ibid.*, p. 135. (Nous traduisons)

lointain et parce que probablement aucune de nos actions ne peut être tout à fait digne du cosmopolitisme moral dans sa forme la plus stricte (on peut toujours exiger plus de soi au regard de la souffrance du reste du monde). Mais cela ne veut pas dire que cette question ne mérite pas d'être posée au moment de régler le montant de cette école coûteuse. Cela ne veut pas dire non plus que le fait de la poser (à quelques moments particuliers et notamment au moment de la délibé-ration politique) ne permette pas d'y voir plus clair sur les exigences de justice à l'échelle locale comme à l'échelle globale. Enfin, cela ne signifie pas non plus que cette question ne soit pas capable d'infléchir progressivement nos pratiques quotidiennes[1].

Sur l'inconfort supposé du cosmopolitisme.

LE DÉTACHEMENT DU COSMOPOLITE. – Pour finir, il faut interroger un dernier aspect de la thèse de Martha Nussbaum, disons l'aspect psychologique. Étrangement, elle semble défendre l'idée selon laquelle le patriotisme est une conception confortable pour l'agent politique, tandis que le cosmopoli-tisme présente un caractère plus aride et obéit à une exigence strictement rationnelle, qui n'offre pas le secours d'émotions consolatrices telles que celles suscitées par la fierté nationale, par le sentiment d'une appartenance partagée à une commu-nauté, ou encore par la désignation d'un autre, différent et étranger – élément déterminant dans la constitution du sentiment patriotique.

Si elle est seulement évoquée dans l'extrait que nous commentons (notamment par le biais de l'ennui de Bimala

---

1. *Ibid.*, *cf.* notamment les pages 134-135.

quand elle est avec son mari porté par un idéal cosmopolite), cette question représente le cœur du propos de Nussbaum dans la quatrième partie de son article [1]. Nous lisons par exemple :

> Devenir un citoyen du monde est souvent une entreprise solitaire. C'est en effet, comme Diogène le disait, une sorte d'exil – loin du confort des vérités locales, loin du sentiment douillet du patriotisme, loin du drame passionnant que constitue le sentiment de fierté de soi-même et de son appartenance. Dans les écrits de Marc-Aurèle […] on sent parfois une solitude infinie, comme si la suppression du soutien que représentent les frontières habituelles et locales avait privé la vie quotidienne d'une certaine une sorte de chaleur et de sécurité. […] Le cosmopolitisme n'offre pas ce type de refuge, il ne propose que la raison et l'amour de l'humanité, ce qui peut paraître parfois moins coloré que d'autres types d'appartenance [2].

Cette « solitude infinie » du cosmopolite est une réalité bien sensible qui est éminemment liée au détachement ou au déracinement évoqué par Nussbaum dans son texte de 2008. Mais il faut en dire au moins deux choses.

Tout d'abord, cette solitude n'est pas sans présenter elle-même un certain confort intellectuel, ne serait-ce que le confort de la solitude. Le sage détaché de ce qui l'entoure paraîtra peut-être ennuyeux à ceux qui l'entourent (comme Bimala pouvait trouver son mari ennuyeux par rapport à l'agitation et à l'exaltation des nationalistes), mais cette « sorte d'exil » dont parle Martha Nussbaum, est un exil qui peut lui-même être confortable car il n'oblige pas *a priori* à

---

1. *Cf.* M. Nussbaum, *For Love of Country*, pages 15 à 17.
2. *Ibid.*, p. 15. (Nous traduisons)

l'engagement politique. En revanche ce détachement lui-même, s'il offre théoriquement un certain confort, présente en même temps un danger à la fois psychologique et politique. Psychologique d'abord, parce qu'un individu ne peut se construire hors de toute appartenance – c'est ce qui explique que Nussbaum s'inquiète du détachement stoïcien comme un détachement finalement inhumain dans son texte de 2008 (que serait un homme sans aucune attache?). Mais le danger est aussi politique au sens où ce détachement du local risque toujours ne pas parvenir à être accompagné d'un attachement réel au mondial. De fait la citoyenneté mondiale n'engage directement à rien sur le plan politique, mais repose entièrement sur la conscience du cosmopolite. Le cosmopolitisme risque alors toujours de jouer le rôle d'excuse pour ne pas agir comme citoyen de tel État au nom d'une norme rationnelle supérieure, sans que cette norme ne soit suffisamment contraignante pour pousser le cosmopolite à faire ce qu'il doit faire au nom de son cosmopolitisme – il est toujours plus facile de mobiliser un principe moral pour justifier un refus que pour se contraindre soi-même à l'action. Ce danger, c'est celui que pointe Rousseau quand il écrit : « Méfiez-vous de ces cosmopolites qui vont chercher au loin des devoirs qu'ils dédaignent remplir chez eux. Tel philosophe aime les Tartares pour se dispenser d'aimer ses voisins »[1]. Bien sûr le cosmopolitisme n'est pas : ne pas aimer ses voisins. Mais penser son devoir en fonction d'un ordre supérieur peut effectivement contribuer à éloigner l'individu de son propre devoir, et en ce sens la référence à une citoyenneté mondiale peut jouer comme refuge pour se dégager des obligations politiques et morales,

---

1. *Emile*, I, 2.

alors que le cosmopolitisme devrait aider le citoyen à être plus juste et plus rationnel dans sa délibération.

LE COSMOPOLITISME « ENNUYEUX » ? – Il reste enfin à revenir sur le caractère prétendument « ennuyeux » du cosmopolitisme. Il est frappant que Martha Nussbaum s'attache aussi longuement à montrer (à la fois dans la fin de son article et dans son texte « Reply » qui clôt *For Love of Country*[1]) que le cosmopolitisme n'est pas condamné à être ennuyeux et qu'il peut même être tout à fait enthousiasmant, comme si elle considérait que ce défaut de séduction était un risque véritable et profond du fait, selon elle, de son caractère rationnel. Certainement cette inquiétude de Martha Nussbaum à l'égard du caractère ennuyeux du cosmopolitisme s'explique-t-elle en partie par le fait qu'elle considère le cosmopolitisme essentiellement de la manière dont le concevait les stoïciens, c'est-à-dire selon une perspective *individuelle*, comme une démarche intellectuelle émanant d'un citoyen éclairé. Mais le cosmopolitisme, comme le nationalisme, s'il peut effectivement désigner une conviction personnelle, peut aussi aujourd'hui servir à désigner des mouvements plus importants et mobilisant un grand nombre de personnes autour d'idées qui doivent bien être séduisantes à un niveau ou à un autre pour réunir suffisamment de monde. Je crois pour ma part qu'effectivement le cosmopolitisme n'est pas du tout condamné à être ennuyeux, mais que le problème ne devrait pas être d'essayer d'en montrer les atours ou de faire en sorte qu'il puisse « frapper l'imagination ». Il me semble qu'il frappe très spontanément l'imagination du plus grand nombre et

---

1. M. Nussbaum, *For Love of Country*, p. 131 *sq.*

j'ajouterai volontiers qu'il recouvre même un sentiment et une émotion qui semble presque naturelle tant on peut en faire une expérience facile. En effet les événements tragiques touchant une population à un point du globe soulèvent régulièrement des vagues de solidarité mondiale qui montre que les êtres humains, un peu partout sur la planète, se sentent concernés par ce qui arrive aux autres êtres humains, même si cela ne les touche pas directement. Le cosmopolitisme ne se réduit donc pas à une exigence rationnelle de justice, et le sentiment d'appartenir au monde est capable de mobiliser des foules autour de slogans « colorés » et séduisants, autour de luttes et de problèmes communs à un grand nombre de personnes à travers la planète (comme est capable de le faire le nationa-lisme à l'intérieur d'une nation). L'*exigence rationnelle* se double ainsi d'un *sentiment cosmopolitique* qui se développe [1] et permet sûrement de donner au caractère théorique de l'exigence rationnelle une force dont celle-ci ne disposait pas pour imprimer un changement effectif sur le monde. C'est pour cette raison que la vraie question n'est peut-être pas tant : est-il possible de faire en sorte que le cosmopolitisme soit séduisant ? Mais plutôt : est-il possible de faire en sorte que le cosmopolitisme ne se contente pas d'être séduisant, qu'il se traduise concrètement dans les faits et qu'il engage l'individu dans un temps long, au-delà du temps court d'une émotion ou même d'une délibération personnelle et ponctuelle ? [2]

---

1. C'est ce que nous avons montré dans notre présentation de la « cosmopolitisation du monde » dans la première partie de cet ouvrage.

2. C'est très exactement à cette question que le cosmopolitisme institu-tionnel évoqué plus haut essaye d'apporter une réponse (*cf.* notre présentation du cosmopolitisme politique dans la première partie de l'ouvrage).

TEXTE 2

Emmanuel Kant
Le droit cosmopolitique en vue de la paix perpétuelle [1]

Troisième article définitif pour rendre la paix perpétuelle :
le droit cosmopolitique [2] *doit se restreindre aux conditions de l'hospitalité universelle.*

Comme dans les articles précédents, il est ici question non pas de philanthropie, mais du *droit*. *Hospitalité* signifie donc ici le droit qu'a l'étranger, à son arrivée dans le territoire d'autrui, de ne pas y être traité en ennemi. On peut ne pas le recevoir si cela n'entraîne pas sa ruine ; mais on ne doit pas se montrer hostile envers lui aussi longtemps qu'il se tient paisiblement à sa place. L'étranger ne peut invoquer un *droit d'accueil*, – car on exigerait alors un contrat particulier de bienfaisance qui ferait de lui pour quelque temps un habitant

---

1. Ce texte est le troisième article définitif du *Projet de Paix Perpétuelle* (1795). Nous suivons la traduction établit par Jean Gibelin en 1999 pour la publication de l'ouvrage aux éditions Vrin, en édition bilingue. Lorsque nous changeons certains points de traduction, nous le précisons en note.

2. Gibelin traduit « *Weltbürgerrecht* » par « cosmopolite ». Nous préférons « cosmopolitique » qui est la traduction habituelle.

de la maison – mais un *droit de visite*, le droit qu'a tout homme de se proposer comme membre de la société, en vertu du droit de commune possession de la surface de la terre sur laquelle, en tant que sphérique, ils ne peuvent se disperser à l'infini ; il faut donc qu'ils se supportent les uns à côté des autres, personne n'ayant originairement le droit de se trouver à un endroit de la terre plutôt qu'à un autre. – Des contrées inhabitables de cette surface, la mer et les déserts de sable séparent cette communauté ; toutefois les *vaisseaux* et les *chameaux* (les *vaisseaux* du désert) permettent de se rapprocher à travers ces contrées sans possesseur et d'utiliser pour un commerce possible le droit à la *surface* qui appartient en commun à l'espèce humaine. L'inhospitalité des côtes maritimes (par exemple des côtes barbaresques) où l'on s'empare des navires dans les mers avoisinantes, et où l'on réduit en esclavage les marins échoués ; ou bien celle des déserts de sable (des Bédouins arabes) où l'on considère comme droit de piller ceux qui approchent des tribus nomades, sont donc contraires au droit naturel : toutefois ce droit d'hospitalité, c'est-à-dire cette faculté des étrangers qui arrivent, n'excède pas les conditions qu'exige la possibilité d'*essayer* d'établir des relations avec les premiers habitants. – C'est ainsi que des continents éloignés peuvent se mettre pacifiquement en rapport ; ces rapports peuvent finalement se réglementer publiquement et rapprocher toujours davantage le genre humain d'une constitution cosmopolite.

Si l'on compare maintenant avec cette condition la conduite *inhospitalière* des États policés, notamment des États commerçants de notre partie du monde, l'injustice dont ils font preuve quand ils *visitent* des pays et des peuples étrangers (visites qu'ils confondent d'ailleurs avec *conquête*), va si loin, qu'on en est effrayé [1]. L'Amérique, les pays des nègres, les îles à épices, le Cap, etc. lorsqu'ils les découvrirent, furent considérés par eux comme n'appartenant à personne, parce qu'ils ne tenaient aucun compte des habitants. Dans les Indes orientales (l'Hindoustan), ils introduisirent des troupes étrangères sous le prétexte de n'établir que des comptoirs commerciaux, et avec ces troupes on opprima les indigènes, on provoqua entre les divers États de ces pays des guerres considérables et par suite famines, insurrections, perfidies et toute litanies de maux quels qu'ils soient, qui désolent l'humanité.

La Chine [2] et la Japon (*Nippon*) qui avaient appris à connaître ces hôtes, ont en conséquence agi sagement en permettant la première, il est vrai, l'accès, mais non l'entrée, le second, l'accès aussi, mais à un seul peuple européen, les Hollandais, qu'ils excluent d'ailleurs, comme des captifs de toute fréquentation avec les Indigènes. Le pis (ou le mieux, en se plaçant au point de vue d'un juge des mœurs), est qu'ils ne tirent même aucun profit de ces procédés violents, que toutes ces compagnies commerciales sont près de leur ruine, que les îles à sucre, où s'est établi l'esclavage le plus cruel et le plus raffiné ne produisent pas de bénéfice réel et ne servent, indirectement il est vrai, qu'à une fin très peu louable, à savoir à la formation de marins pour les flottes de guerre, par conséquent à l'entretien des guerres européennes ; et elles rendent service à des puissances qui font grand bruit de leur piété et qui, tandis

1. Nous modifions la ponctuation de ce début de paragraphe pour rendre la phrase compréhensible.

2. Kant propose ici une très longue note consacrée notamment à l'origine du nom « Chine ».

qu'elles s'abreuvent d'iniquités, veulent être considérées comme des vases d'élection en fait d'orthodoxie.

Or, comme les relations (plus ou moins étroites ou larges), prévalant désormais communément entre les peuples de la terre, en sont au point qu'une violation du droit en un *seul lieu* est ressentie *partout* ailleurs, il s'ensuit que l'idée d'un droit cosmopolitique n'apparaît plus comme une manière chimérique et exagérée de concevoir le droit ; elle apparaît comme le couronnement nécessaire de ce code non encore écrit, qui, embrassant le droit civil et le droit des gens, doit s'élever jusqu'au droit public de l'humanité en général et par suite à la paix perpétuelle dont on ne peut se flatter de se rapprocher sans cesse qu'à cette condition [1].

---

1. Nous corrigeons, dans ce dernier paragraphe, un défaut de construction dans la traduction Gibelin qui en rendait la compréhension impossible.

COMMENTAIRE

Sans aucun doute, ce texte est celui qui fut le plus commenté par les différents penseurs du cosmopolitisme depuis deux siècles. Il pose en effet des bases conceptuelles très importantes pour la réflexion contemporaine qui ne se lasse pas de s'y référer, tantôt pour en montrer la pertinence, tantôt pour en montrer les limites. Dans cet extrait, il nous semble que le mérite principal de Kant est de faire varier le sens du concept de cosmopolitisme qui était entendu comme idéal éthique, pour l'appliquer au droit et pour imaginer la forme que pourrait effectivement prendre un ordre cosmo-politique. A ce titre, il y a bien quelque chose comme un « moment Kant »[1] qui mérite une attention particulière.

---

1. *Cf.* par exemple R. Fine et R. Cohen, »Four Cosmopolitanism Moments », in *Conceiving Cosmopolitanism*, St. Vertovec et R. Cohen (dir.), Oxford, Oxford University Press, 2008 (2002), p. 137-162. Le « moment Kant » est évoqué p. 139-145.

Contexte de l'extrait.

STRUCTURE ET SITUATION DE L'OUVRAGE. – Ce texte est un extrait de l'opuscule de Kant paru en 1795 : le *Projet de paix perpétuelle*. Il se situe au milieu d'un corpus de textes politiques kantiens qui abordent la question de la paix et celle du droit qui est censé l'établir. Dans l'ordre chronologique de leur parution, nous pouvons notamment évoquer : *Idée d'une histoire universelle du point de vue cosmopolitique* (1784), *Théorie et Pratique* (1793), et la première partie de la *Métaphysique des mœurs*, c'est-à-dire la *Doctrine du droit* (1797).

Le *Projet de paix perpétuelle* se construit en quatre temps. Kant commence par dégager six « articles préliminaires » dont le ton général donne parfois l'impression de ne faire aucun cas des réalités politiques tant ils semblent portés par une espérance utopique. Nous lisons ainsi les six articles suivants : 1) Aucun traité de paix ne doit valoir comme tel, si on l'a conclu en se réservant tacitement matière à guerre future, 2) Nul État indépendant ne pourra être acquis par un autre État, par héritage, échange, achat ou donation, 3) Les armées permanentes doivent être entièrement supprimées avec le temps, 4) On ne doit point contracter de dettes publiques en vue des conflits extérieurs de l'État, 5) Aucun État ne doit s'immiscer de force dans la constitution et le gouvernement d'un autre État, 6) Aucun État en guerre avec un autre ne doit se permettre des hostilités de nature à rendre impossible la confiance réciproque lors de la paix future. Il présente ensuite les trois « articles définitifs » qui sont les articles les plus souvent commentés et qui forment le cœur de l'analyse : 1) Dans tout État la constitution civile doit être républicaine, 2) Le droit des gens (c'est-à-dire le droit international) doit être fondé sur un fédéralisme d'États libres, 3) Le droit cosmopolitique doit se restreindre aux conditions de l'hospitalité universelle. Puis, Kant ajoute encore deux « suppléments » (le premier concernant la garantie naturelle de la paix perpétuelle, l'autre étant consacrée à la portée politique de la liberté d'expression). Enfin, il développe un long « appendice » en deux parties relatives aux rapports entre politique et morale.

La visée de la paix perpétuelle. – Le projet d'une paix perpétuelle s'impose chez Kant à la fois comme impératif moral et comme nécessité historique.

1) *L'exigence morale.* La question de la paix repose d'abord chez Kant sur une exigence de la raison pratique : « La raison moralement pratique énonce en nous son *veto* irrévocable : *il ne doit pas y avoir de guerre.* »[1] En somme, il importe assez peu de savoir si la paix est une chimère, il faut fixer la paix comme horizon moral : « nous *devons* agir comme si la chose qui peut-être ne sera pas devait être »[2]. Le fond véritable de la réflexion kantienne consiste bien à partir de l'idée que la paix est un devoir pour l'homme, un devoir qui nous pousse à agir parce que l'idée de la paix vaut qu'on agisse pour elle – sans souci de son accessibilité effective. Cet impératif ignore, en un sens, les considérations pratiques de sa propre réalisation – c'est ainsi que l'on comprend l'idée kantienne d'après laquelle nous avons à « agir d'après l'idée de cette fin, quand bien même il n'y aurait pas la moindre vraisemblance théorique qu'on puisse la réaliser »[3].

1. Kant, *Doctrine du droit*, « Bibliothèque de La Pléiade », Paris, Gallimard, t. 3, p. 628.
2. *Ibid.*
3. *Ibid.*

2) *La philosophie de l'histoire.* L'inaccessibilité de cet horizon doit cependant être pondérée, dans la mesure où la pensée kantienne de la paix doit aussi être située au cœur d'une philosophie de l'histoire. Il y a en effet un progrès de l'histoire de l'homme qui, selon Kant, le mène presque malgré lui vers plus de droit et plus de paix. Comme il l'explique notamment dans son *Idée d'une histoire universelle du point de vue cosmopolitique* (1784), ce progrès est paradoxalement motivé par une insociabilité naturelle[1]. Cette tendance contraint l'homme à une évolution progressive qui se traduit par l'extension de la sphère du droit à des cercles successifs : d'abord à une communauté d'individus et ensuite à une communauté de communautés d'individus. C'est en effet cet antagonisme qui doit pousser les relations internationales à sortir de l'état de nature pour entrer dans un état de droit international.

LES DEUX AUTRES « ARTICLES DÉFINITIFS ». – L'état réel des relations entre les hommes exigent des changements fondamentaux à tous les niveaux des interactions possibles pour qu'advienne la paix, c'est ce qu'entendent montrer les trois articles définitifs. Dans les deux premiers articles définitifs, Kant s'interroge sur les conditions nécessaires à l'institution de la paix à la fois en matière de politique intérieure et de relations internationales. Il indique ainsi d'une part que « la

---

1. L'homme est caractérisé pour Kant par une insociable sociabilité. L'insociable sociabilité désigne ce jeu de forces contraires qui caractérise l'homme dans sa relation à son semblable : il ne saurait s'en passer et il résiste en même temps à l'association. L'homme n'est en somme ni tout à fait sociable, ni tout à fait associable et c'est cette double tendance qui explique le progrès de l'espèce puisque l'homme est progressivement obligé de se contraindre, par des règles de droit, à la sociabilité qui est toujours mise en péril par son insociabilité naturelle.

constitution civile de chaque État doit être républicaine »
(premier article définitif), et d'autre part que « Il faut que le
droit des gens soit fondé sur une fédération d'États libres »
(deuxième article définitif).

Le premier article définit un *préalable* : avant de
considérer les rapports entre les États, il faut envisager la façon
dont ils sont constitués. Pourquoi Kant pense-t-il que la constitution républicaine[1] est la meilleure ? Son argumentation se
construit en deux temps : 1. une observation *de fait* : la guerre
ne coûte à personne autant qu'aux citoyens des États en guerre.
En effet, outre les risques de mort ou de blessures au combat, le
coût financier de la guerre, la réparation ultérieure des dégâts
qu'elle cause, ainsi que les conséquences fâcheuses de la dette
des États sont autant de calamités dont les citoyens sont les
principales victimes. 2. Une réflexion *de droit* : la constitution
républicaine est celle qui permet au final aux citoyens de
décider eux-mêmes s'ils déclarent ou non la guerre. Or si celui
qui décide de la déclaration est aussi celui qui en pâtit le
plus, il y a de fortes chances pour que cette déclaration n'ait
jamais lieu.

Le deuxième article définitif est donc celui qui établit que
les rapports entre États doivent être resitués à l'intérieur d'une
sphère juridique, ce qui passe selon lui par l'établissement
d'une fédération d'États libres. Kant établit une analogie entre

---

1. Une constitution *républicaine* désigne la forme de gouvernement (*forma
regiminis*) dans les pouvoirs exécutif et législatif sont séparés. Pour lui, il faut
en outre que la forme du gouvernement, en plus d'être *républicaine*, soit *représentative* – ce que manquaient d'être, par exemple, les républiques antiques qui
ont par conséquent toutes dégénéré en despotisme autocratique – parce que
cette forme de médiation de l'exercice politique permet de niveler les passions
qui agitent le peuple.

les hommes à l'état sauvage et les États dans leurs rapports réciproques[1] : les rapports entre les États ne sont pas des rapports de *droit*, leurs relations relèvent encore d'un état de guerre. Dans ce deuxième article, Kant cherche à préciser ce que doit être cette « alliance des peuples » <*Völkerbund*>. Il répond : « Ceci constituerait une fédération de peuples qui ne serait pas néanmoins nécessairement un État fédératif »[2].

Je crois qu'il faut prendre soin d'interroger la préférence qu'il accorde au modèle de la confédération d'États sur celui de l'État fédératif. Il y a en effet deux modèles d'organisation supranational : d'un côté la République universelle <*Weltre-publik*>, et de l'autre l'alliance des peuples <*Völkerbund*>. La préférence que Kant accorde à la seconde est imposée ou contrainte par la réalité politique et la nature humaine. En toute rigueur il semble même y *renoncer* dans les dernières lignes du développement de cet article.

> Au tribunal de la raison, il n'y a qu'un seul moyen de tirer les États de cette situation turbulente, où ils se voient toujours menacés de la guerre, savoir : de renoncer, comme les particuliers, à la liberté anarchique des sauvages, pour se soumettre à des lois coercitives, et former ainsi un État de nations (*civitas gentium*) qui embrasse insensiblement tous les peuples de la terre. Or, comme les idées qu'ils se font du droit des gens les empêchent absolument de réaliser ce plan, et leur font rejeter dans la pratique ce qui est vrai dans la théorie, on ne peut substituer (si l'on ne veut pas tout perdre) à l'idée

---

1. Cette analogie traverse d'ailleurs les écrits « politiques » de Kant puisqu'on la trouve déjà, 11 ans plus tôt, dans l'*Histoire universelle*, proposition 7.

2. Kant, *Projet de Paix perpétuelle*, Paris, Vrin (édition bilingue), 1999, p. 43.

positive d'une république universelle que le supplément
négatif d'une alliance permanente, qui empêche la guerre et
s'étende insensiblement pour arrêter le torrent de ces passions
injustes et inhumaines qui menaceront toujours de rompre
cette digue[1],

On voit que la *Weltrepublik* continue à fonctionner comme
horizon moral (sous le tribunal de la raison, c'est la meilleure
solution), mais le *Völkerbund*, s'il correspond effectivement à
une « solution minimale », est à la fois réaliste car elle tient
compte des relations réelles entre les hommes, et souhaitable
en ce qu'elle tend vers la « solution maximale »[2]. Cette solution minimale permet à la fois de se prémunir contre les risques
politiques inhérents au projet de République Universelle, et
contre son caractère utopique – en effet, les États ne perdant
pas leur souveraineté, la confédération doit selon lui se constituer historiquement autour d'une première république, puis
d'un groupe de républiques, etc.

Le sens du droit cosmopolitique kantien.

Le droit cosmopolitique est une nouveauté du *Projet de
Paix Perpétuelle* par rapport aux textes politiques antérieurs
de Kant. Précisément, ce qui rend ce droit nécessaire
dans l'économie de l'ouvrage, c'est le choix du modèle du
Völkerbund au dépend de la *Weltrepublik*. Dans un État
mondial en effet, la question du statut juridique de l'étranger

1. *Ibid.*, p. 51-53.
2. Voir sur ce point l'excellent article de Mai Lequan « Le repli kantien de
la solution maximale d'une république mondiale vers la solution minimale
d'une confédération d'Etats », dans Y. Ch. Zarka et G. Caroline Lafaye (dir.),
Kant cosmopolitique, Paris, éditions de l'Éclat, 2008, p. 97-117.

ne se poserait évidemment plus. À considérer comme il le fait le droit international, à savoir en maintenant la diversité des États et des territoires, il maintient de fait l'existence de l'étranger, or c'est bien de lui dont Kant essaye de penser le statut par le biais de son droit cosmopolitique. L'objet de cet article définitif est en effet de considérer la dernière sphère du droit publique : celle des rapports entre les individus et les États[1].

LA NOTION D'HOSPITALITÉ UNIVERSELLE. – Le cœur de la proposition kantienne est le fameux « droit de visite » <Besuchsrecht> dont doit selon lui bénéficier un individu qui arrive sur un sol dont il n'est pas originaire. Ce droit de visite présente deux caractéristiques.

1) *Le droit de visite n'est pas le droit de s'installer.* Il doit d'abord être distingué de ce que pourrait être un « droit d'accueil » (ou « droit de séjour ») <Gastrecht>. C'est-à-dire que le droit de visite kantien ne signifie pas que l'étranger a le droit de s'installer dans le pays où il arrive, mais seulement qu'il doit avoir littéralement le droit d'être étranger[2], autrement dit le droit de traverser une frontière sans pour autant être considéré en ennemi dans l'État où il arrive. On le voit, c'est un droit qui peut sembler être réduit *a minima*. Que gagne-t-on

---

1. Le droit cosmopolitique doit ainsi être considéré comme le « complément sans lequel le droit de l'humanité serait impossible » (nous traduisons). *Cf.* A. Taraborrelli, « The significance of Kant's Third Definitive Article » (*in* L. Caranti (ed.), *Kant's Perpetual Peace. New Interpretative Essays*, Roma, Luiss University Press, 2006), p. 154.

2. Nous reprenons ici l'excellente formule de Stéphane Chauvier qui parle du droit kantien comme d'un « droit d'être étranger ». *Cf.* S. Chauvier, *Du droit d'être étranger, Essai sur le concept kantien d'un droit cosmopolitique*, Paris, L'Harmattan, 1996.

finalement avec ce droit de visite ? S'il semble effectivement réduit, il faut mesurer que ce droit n'est pas anecdotique car son ambition est de donner à l'étranger un statut juridique. Or ce droit d'entrée, cette reconnaissance juridique minimale, se heurte directement à l'exercice d'une prérogative des États souverains : la capacité à décider arbitrairement qui peut entrer sur leur sol et qui ne le peut pas [1]. Jusqu'à aujourd'hui encore, l'étranger peut être *autorisé* à être étranger par l'État souverain (qui délivre le *visa*), mais il n'a jamais le *droit* d'être étranger – droit qui ferait de lui un interlocuteur à part entière, sur ce point, devant l'État. Ce que Stéphane Chauvier explique ainsi :

> L'un des traits caractéristiques du droit positif actuel est que l'entrée sur le sol d'un État étranger n'est pas, juridiquement, libre. Dans tous les pays du monde, l'entrée sur le sol de l'État n'est pas un droit. L'étranger n'est pas « chez lui » et ne peut donc entrer « chez nous » que si nous le voulons bien [2].

Autrement dit, même dans l'état actuel des choses, toutes les conditions peuvent être réunies par l'étranger pour obtenir un droit de séjour dans un État donné, l'État en question reste toujours libre d'accepter ou de refuser d'accorder ce « droit » [3].

1. Cf. *Ibid.*, p. 167-196.
2. *Ibid.*, p. 169.
3. Il faut évoquer, même rapidement, le traitement que l'Union Européenne fait de l'étranger dans le cadre de la *Convention de Schengen*, qui s'étend dans l'Union depuis les années 1990. Ce qui nous intéresse, ce sont bien sûr les avancées pratiques qui sont contenues dans ce texte et qui peuvent aller dans le sens de ce droit de visite. Principalement, les acquis de Schengen consistent dans la suppression du contrôle des personnes des pays de l'espace-Schengen, instituant un véritable droit de mouvement (droit de visite) à l'intérieur de cet espace. Dans les faits, la présentation des papiers d'identité est supprimée pour tous ceux qui passent les frontières intérieurs, citoyens de

2) *Le droit de visite se traduit pour les États par un « devoir d'hospitalité »*. La deuxième caractéristique du droit de visite kantien est sa traduction en *devoir d'hospitalité* pour les États. Ce devoir d'hospitalité consiste en une sorte d'obligation de non-hostilité. Kant peut ainsi écrire :

> On peut ne pas recevoir [l'étranger] si cela n'entraîne pas sa ruine ; mais on ne doit pas se montrer hostile envers lui aussi longtemps qu'il se tient paisiblement à sa place. [1]

Le terme « hospitalité » désigne donc bien une manière de recevoir, qui semble elle-même être réduite à sa plus simple expression. Mais en réalité, en écrivant cela, Kant change le statut de l'étranger non plus seulement sur le plan juridique, mais aussi sur le plan politique puisque celui-ci cesse d'être *a priori* un ennemi pour l'État [2] (en effet, si le monde est régi par le droit, l'étranger n'est pas le signe d'une guerre ou d'une hostilité extérieure). Le droit cosmopolitique permet donc de changer un *a priori* d'hostilité légitime dans le cadre d'une situation où l'état des relations entre les États est une situation de guerre perpétuelle, en un *a priori* d'hospitalité cohérent avec un monde régi par des règles de droit.

l'Union européenne comme ressortissants des pays tiers. Pour autant la souveraineté des États n'est pas niée (par exemple : lorsque l'ordre public est menacé, un pays peut rétablir, exceptionnellement, des contrôles systématiques d'identité aux frontières, pour une période limitée). Cette convention semble donc contribuer à définir les conditions d'un droit de visite effectif.

1. Kant, *Projet de Paix Perpétuelle*, *op. cit.*, p. 55.
2. *Cf.* Y. Ch. Zarka, « Cosmopolitisme et hospitalité chez Kant », in *Kant cosmopolitique*, *op. cit.*, p. 28-30.

LA CONDAMNATION DU COLONIALISME. – C'est dans cette perspective que la condamnation du colonialisme trouve sa place dans le texte de Kant. Le colonialisme est l'exemple d'une « hospitalité » abusée ou d'une « visite » qui, non réglée par le droit, aboutit à un injustice. Le sens des deux paragraphes consacrés à la question de la découverte du monde est que les nations occidentales ont abusé de l'hospitalité dont avaient fait preuve les peuples – ou plutôt : ils ont fait comme si les peuples n'étaient pas déjà là. À quoi sert cette condamnation ? Elle est un moyen de montrer la nécessité du droit cosmopolitique qui n'oblige pas à l'hospitalité inconditionnée de l'étranger et qui restreint dans le même temps l'autorisation d'entrer sur le territoire aux conditions que nous avons déjà évoquées. Ce que Kant dénonce ce n'est pas seulement l'oppression que les nations européennes font subir aux autres peuples de la planète, et ce n'est pas non plus uniquement le décalage entre la piété affichée de l'Europe et un comportement scandaleusement injuste : la critique kantienne consiste aussi à montrer la nécessité du droit dans un monde dans lequel les différentes parties entrent de plus en plus relation. C'est en somme cet état de fait qui pousse à aller dans le sens d'une exigence de la raison.

Arguments kantiens en faveur droit cosmopolitique.

L'ARGUMENT GÉOGRAPHIQUE. – L'argument « géographique » est celui qui consiste, au début du texte, à partir de l'idée de la finitude de notre monde physique pour en déduire la nécessité de la rencontre entre les hommes. Comme la terre est sphérique (et donc finie) les hommes sont condamnés à se

« supporter »[1]. Cette rencontre contrainte entre les hommes n'est pas neutre et ne se contente pas de renvoyer à une coexistence passive ou pacifique. Kant insiste sur les *effets* politiques de la finitude du lieu d'habitation de l'homme : celui-ci va devoir trouver les moyens de vivre à côté de ses semblables malgré son insociabilité naturelle – celle-ci aura donc paradoxalement pour fonction de contraindre les hommes à la rencontre et au partage du monde commun. De fait, la rencontre effective avec le monde n'aboutit pas naturellement à une situation apaisée. Au contraire, la découverte d'autres peuples et d'autres coutumes a pu historiquement s'accompagner d'une mise en crise du concept de cosmopolitisme tant il a semblé délicat de penser une unité de tous les hommes au-dessus des si nombreuses différences culturelles. Cet argument géographique revient en somme à affirmer la nécessité du droit au regard de la nature même de notre planète. Et on ne voit pas comment on pourrait ne pas considérer que cet argument kantien a acquis en deux siècles une pertinence encore accrue puisque nous sommes passés de un à sept milliards d'habitants sur un même espace fini. Il faut donc penser les conditions d'une coexistence juridique, d'une vie réglée par autre chose que la violence naturelle ou la volonté de domination : c'est l'objet du droit cosmopolitique.

---

1. Nous lisons : « [...] terre sur laquelle, en tant que sphérique, ils ne peuvent se disperser à l'infini ; il faut donc qu'ils se supportent les uns à côté des autres » (*cf.* Kant, *Projet de Paix Perpétuelle* (trad. J. Gibelin), Paris, Vrin, 1999, p. 55).

L'ARGUMENT DE LA COMMUNAUTÉ ORIGINAIRE DU SOL. – On comprendrait aisément que l'exigence de l'hospitalité universelle soit invoquée au nom d'une exigence morale[1] (on dirait alors : c'est le principe d'égale dignité des personnes qui implique qu'on reconnaisse un « droit de visite » pour tous). Kant mobilise un autre argument qui fait de cette exigence une exigence d'ordre ontologique : celui de la communauté originaire du sol.

> L'étranger ne peut invoquer un *droit d'accueil* […] mais un *droit de visite*, le droit qu'a tout homme de se proposer comme membre de la société, en vertu du droit de commune possession de la surface de la terre sur laquelle, en tant que sphérique, ils ne peuvent se disperser à l'infini ; il faut donc qu'ils se supportent les uns à côté des autres, personne n'ayant originairement le droit de se trouver à un endroit de la terre plutôt qu'à un autre.[2]

On voit que cet extrait articule cet argument au précédent, mais on peut les distinguer cependant. Cet argument explique le principe du « droit de visite » en dénaturalisant le droit d'occupation du sol. Il ne désigne pas une origine *historique* au cours de laquelle la terre aurait effectivement appartenue à tous, il désigne plutôt une sorte d'égalité ontologique de tous

---

1. Le droit cosmopolitique n'est-il pas d'ailleurs fondé prioritairement sur la morale ? Sur cette question, voir S. Benhabib, *Another Cosmopolitanism*, *op. cit.*, p. 22 ; ainsi que C. Guibert Lafaye « Le cosmopolitisme comme exigence morale », in *Kant cosmopolitique*, *op. cit.*, p. 79 *sq.*

2. Kant, *Projet*, *op. cit.*, p. 55 Le paragraphe 62 de la *Doctrine du droit*, qui reprend presque point par point la réflexion menée dans le développement de ce troisième article définitif, ne manque pas d'énoncer l'argument de la « communauté de sol » déjà présent en 1795.

devant le sol[1]. Le sol n'appartient pas de manière nécessaire à tel ou tel habitant, à telle ou telle nation. C'est la « possession commune de la surface de la terre » qui permet d'affirmer le « droit de visite » dans la forme que nous avons décrite : il y a bien des États indépendants sur la surface de la terre, mais ces derniers ne sont pas propriétaires *naturels* de ce sol.

L'ARGUMENT « MÉDIATIQUE ». – L'argument médiatique est le complément de ce que nous avons appelé l'argument géographique. C'est celui qui clôt, dans un paragraphe très important, le court texte que nous commentons. La finitude de la terre nous contraint à apprendre à nous supporter, mais le développement des relations entre les hommes à l'échelle de la planète ne se résume pas à cette sorte de relations subies et souvent violentes. Il y a deux cent ans, Kant fait ainsi le constat de l'émergence d'une sorte de « conscience cosmopolitique ».

> Les relations (plus ou moins étroites ou larges) prévalant désormais communément entre les peuples de la terre, en sont au point qu'une violation du droit en un seul lieu est ressentie partout ailleurs[2].

Accompagnant la découverte du monde fini que nous habitons tous ensemble : cette « conscience cosmopolitique » désigne le sentiment devenu commun de partager le même monde, et, au sein de ce monde, les mêmes exigences morales. C'est-à-dire que les hommes ne sont plus seulement en situation de pouvoir se rencontrer et destinés à se rencontrer de

---

1. *Cf.* M. Fœssel « Kant : du droit cosmopolitique à l'habitation du monde » (*in* H. Vincent (dir.), *Citoyen du monde : Enjeux, responsabilités, concepts*, Paris, L'Harmattan, 2004, p. 19 à 31), p. 26-27.

2. *Ibid.*, p. 61.

plus en plus, ils sont aussi en liaison effective – notamment par le développement des techniques de communication. Kant dit en effet deux choses dans cette phrase : d'une part la violation du droit à un endroit du globe peut désormais être connue partout ailleurs (argument proprement médiatique) ; et d'autre part elle est reconnue comme violation partout ailleurs (argument moral). À notre époque où des événements tragiques touchant tel ou tel peuple sur la planète sont vécus presque en direct par tous les autres, nous pouvons noter qu'à ces « violations du droit » évoquées par Kant et susceptibles de faire naître partout sur la planète un sentiment d'injustice, sont venues s'ajouter les images de catastrophes qui frappent nos imaginations et non notre seul sens de la justice, et qui suscitent notre compassion.

Pour Kant, la citoyenneté mondiale n'est donc pas à strictement parler une *citoyenneté* effective – celle-ci ne peut être accordée que par les Républiques particulières. Malgré tout le citoyen du monde existe bel et bien : le terme désigne l'homme en tant qu'il habite un monde commun à tous les hommes. Et ce cosmopolite doit jouir d'un statut juridique non pas pour des raisons philanthropiques (comme Kant s'en défend au début de cet article définitif), mais pour que toutes les relations humaines entrent dans la sphère du droit (ce qui est la condition d'une véritable paix perpétuelle).

Comment appliquer le droit cosmopolitique ?

LE RAPPORT À LA SOUVERAINETÉ. – Rapidement, le droit cosmopolitique rencontre la question de la souveraineté. Comment en effet penser l'hospitalité universelle sans une autorité *supranationale* qui dicterait des lois valables dans tous les États ? Et que se passe-t-il en cas de violation du droit d'hospitalité? Cette question de l'application de l'ordre cosmopolitique est posée par Seyla Benhabib en ces termes :

> Le droit d'hospitalité exprime le dilemme d'un ordre républicain cosmopolitique. En un mot : comment créer des obligations contraignantes quasi-légales par le biais d'engagements volontaires et en l'absence d'un pouvoir souverain englobant et disposant du droit ultime de l'exécution ?[1]

Certainement n'est-ce pas un hasard si Kant, qui n'a de cesse d'affirmer la possibilité de la faisabilité de son projet dans chacun des trois articles définitifs, reste malgré tout bien éloigné des conditions pratiques de sa mise en œuvre. Peut-être peut-on partiellement l'expliquer par le fait que, venant à la suite de l'Abbé de Saint-Pierre qui fut raillé parce qu'il croyait trop proche la réalisation de son *Projet pour rendre la paix perpétuelle en Europe* (1713), Kant a eu le souci d'éviter un tel écueil. En proposant un *Projet* libéré des considérations pratiques qui auraient pu l'accompagner, Kant se situe en quelque sorte « hors du temps » (on pourrait dire : moins les articles définitifs développent de rapports avec les détails pratiques de leur époque, plus l'ensemble du *Projet* reste réalisable « de tout temps »).

Mais cette explication historique ne répond pas, sur le fond, à la question de savoir comment ce droit cosmopolitique peut s'appliquer effectivement, car même si on accorde *théoriquement* la création d'une « alliance des peuples », on ne voit pas comment concilier ce droit cosmopolitique avec la souveraineté des États. Sur ce point, je choisis de suivre

---

1. S. Benhabib, *Another Cosmopolitanism*, *op. cit.*, p. 23 (nous traduisons).

l'analyse de Seyla Benhabib qui montre en même temps l'enjeu de la question posée.

> Le *Projet de Paix Perpétuelle* de Kant met au jour l'écart entre deux conceptions de la souveraineté et prépare le chemin pour une transition de la première vers la seconde. Nous pouvons les appeler « souveraineté westphalienne » et « souveraineté libérale internationale ». (…) Dans la vision classique westphalienne de la souveraineté, les États sont libres et égaux ; ils jouissent d'une autorité ultime sur tous les objets et sujets à l'intérieur d'un territoire défini (…). Par contraste, la conception libérale international de la souveraineté accorde l'égalité des États selon qu'ils souscrivent ou non à un ensemble de valeurs et de principes [1].

Une « fédération d'États libres », sur le modèle de celle imaginée par Kant dans son deuxième article définitif, pourrait donc conditionner la reconnaissance de la souveraineté de ses membres en fonction du partage d'un certain nombre de principes dont le « droit de visite », qui s'impose à la fois comme exigence de la raison et comme nécessité historique, mais qui s'imposerait donc aussi comme condition politique à l'entrée dans la fédération – ce qui n'est pas sans rappeler l'état actuel du monde où les organisations internationales supposent (théoriquement au moins) le partage de certaines normes morales et politiques.

POSTÉRITÉ DES THÈSES KANTIENNES. – Le dernier paragraphe du *Projet de Paix Perpétuelle* est intéressant en ce qu'il témoigne de l'espoir kantien de voir effectivement advenir la réalisation de son projet.

---

1. *Ibid.*, p. 23 (nous traduisons).

Si c'est un devoir et s'il existe aussi une espérance sérieuse, de réaliser l'ordre du droit public, il est vrai, en s'en rapprochant seulement dans un progrès à l'infini, la paix perpétuelle qui suivra ce que l'on a nommé à tort jusqu'ici des traités de paix (à vrai dire des armistices), n'est pas une idée creuse, mais un problème qui, solutionné peu à peu, se rapproche constamment de son but (parce que la durée des temps où se produisent des progrès égaux s'abrégera, il faut bien l'espérer, toujours davantage). [1]

Bien que nous ne soyons pas restés concentrés précisément sur le cadre kantien, pour une bonne partie, l'ensemble de notre ouvrage a été consacré à une réflexion sur ce progrès asymptotique vers un ordre cosmopolitique que Kant décrit dans ce dernier paragraphe. Certains auteurs font explicitement ce travail sur la postérité des thèses kantiennes [2], comme ces derniers mots du *Projet* nous invitent à le faire. Sans aller jusqu'à dire que le *Projet* est un « discours d'une puissance d'intuition prophétique » [3], il semble que l'opuscule kantien a une réelle portée contemporaine pour ce qui concerne son développement sur l'émergence du droit dans les relations

---

1. Kant, *Projet de Paix Perpétuelle*, *op. cit.*, p. 133.
2. Je pense notamment aux deux excellents ouvrages suivant : St. Chauvier, *Du droit d'être étranger, Essai sur le concept kantien d'un droit cosmopolitique*, Paris, L'Harmattan, 1996 ; et J. Habermas, *La paix perpétuelle. Le bicentenaire d'une idée kantienne* (trad. R. Rochlitz), Paris, Cerf, 1996. Je pense aussi à l'article de G. Raulet, « Habermas sur la paix perpétuelle. De la difficulté d'une philosophie politique de la globalisation », dans *Kant cosmopolitique*, *op. cit.*, p. 159-173.
3. Voir l'article de C. J. Friedrich, « L'essai sur la paix, sa position centrale dans la philosophie morale de Kant », in *La philosophie politique de Kant*, Paris, Presses Universitaires de France, 1962, p. 139.

internationales et cosmopolitiques, et son intuition sur le développement du sentiment cosmopolitique.

L'avancée la plus frappante est évidemment celle qui concerne l'émergence d'une « justice mondiale ». Dans cette perspective, on pense bien sûr à la Cour Pénale Internationale (CPI) de La Haye, crée en 1998 et qui est reconnue par 119 États au 1er janvier 2012. La CPI constitue une avancée tout à fait décisive dans la mesure où elle est une institution permanente à l'échelle mondiale (et non seulement régionale comme la cour européenne des droits de l'homme), et qui fait des États des sujets de droit international.

Bien sûr, ces développements de la communauté inter-nationale portent en eux-mêmes de nombreux motifs d'inquié-tudes et de multiples limites au regard de l'exigence kantienne concernant l'ordre international (par exemple : l'ONU ne ressemble pas à la confédération de Républiques dont parlait Kant dans le deuxième article définitif puisque de nombreux États ne satisfont pas à cette exigence républicaine[1]), où l'ordre cosmopolitique. L'exemple de la CPI que nous prenions plus haut ne change pas entièrement la donne pour l'individu qui n'est reconnu que comme personnalité juridique *médiatisée* – c'est-à-dire qu'il doit donc passer par l'État (ou par l'épuisement des recours nationaux) pour obtenir le respect de ses droits sur la scène internationale. À la lettre, il n'y a donc pas de « droit cosmopolitique » puisque nous ne sommes pas reconnus comme « citoyen du monde », mais

---

1. Gérard Raulet dresse un bilan de l'écart entre l'ordre du monde effectif et ce que serait un ordre du monde satisfaisant aux exigences kantiennes : *cf.* G. Raulet, « Habermas sur la paix perpétuelle. De la difficulté d'une philosophie politique de la globalisation », *op. cit.*, p. 170-171.

comme citoyen d'un État dans le monde, ce qui est une différence tout à fait essentielle.

Cependant, si l'on ne peut pas, en quelques lignes, établir un jugement définitif sur l'ordre du monde actuel et à venir, au moins peut-on constater que la souveraineté des États s'exerce différemment, qu'elle est progressivement obligée de tenir compte de la voix des autres États et des peuples, que les contraintes internationales (juridiques et politiques) se multiplient, que les organisations régionales sont de plus en plus nombreuses et qu'elles peuvent représenter des autorités supérieures à l'autorité nationale dans de nombreux domaines, que le sentiment cosmopolitique se développe, qu'il aboutit à la construction de nouvelles sphères d'actions politiques (à tel point que certains peuvent parler d'une « société civile mondiale »), et, enfin, que la conscience d'habiter un même monde donne à l'ancien idéal du cosmopolitisme, autrefois éthique et réservée à la réflexion personnelle du sage, une densité nouvelle et plus commune qui a des effets sur l'ordre politique.

TABLE DES MATIÈRES

DANS LA MÊME COLLECTION

Imprimerie de la manutention à Mayenne (France) - Septembre 2012 - N° 955228U

Dépot légal : 3ᵉ trimestre 2012